No. 1

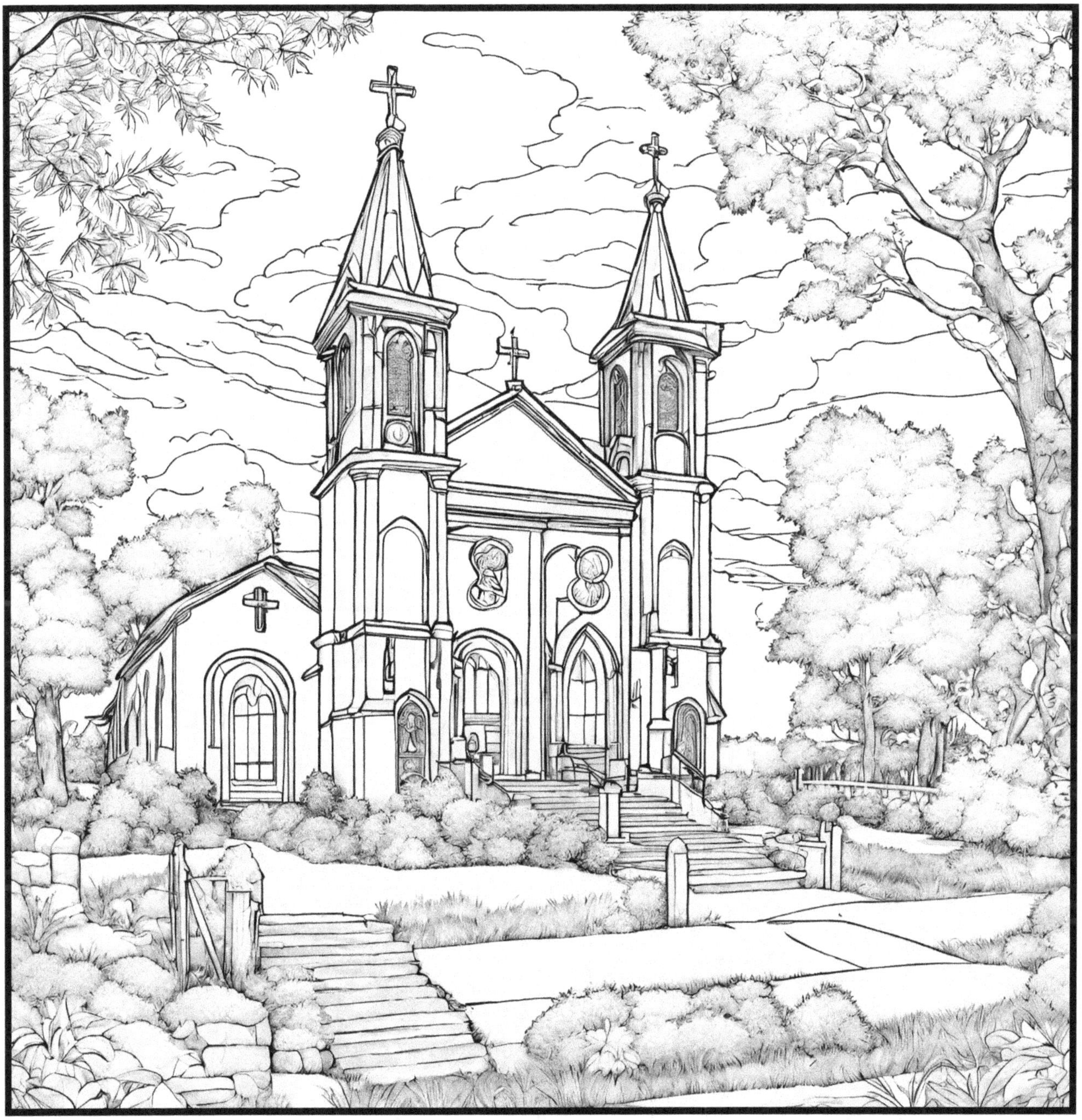

No. 2

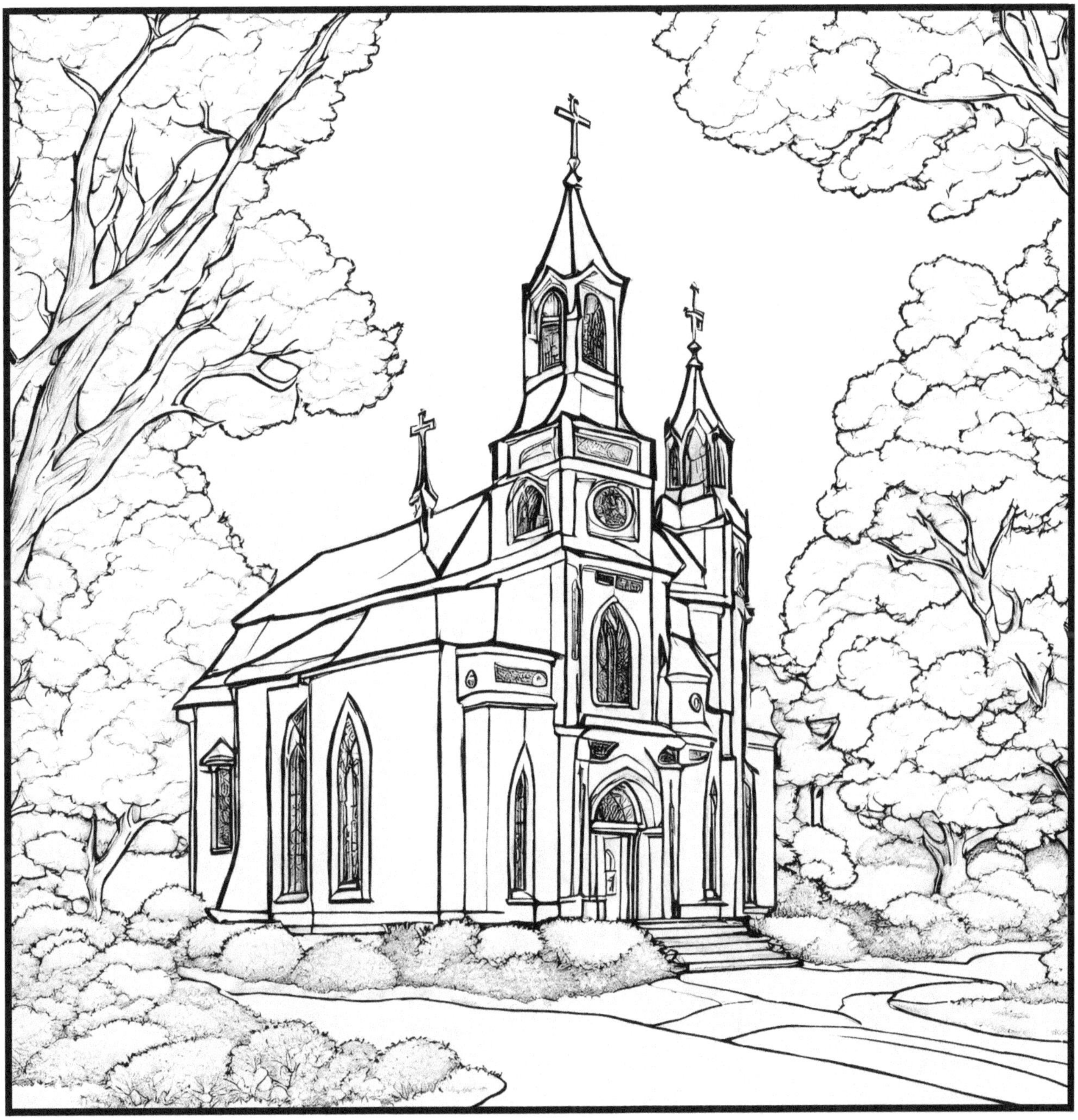

No. 3

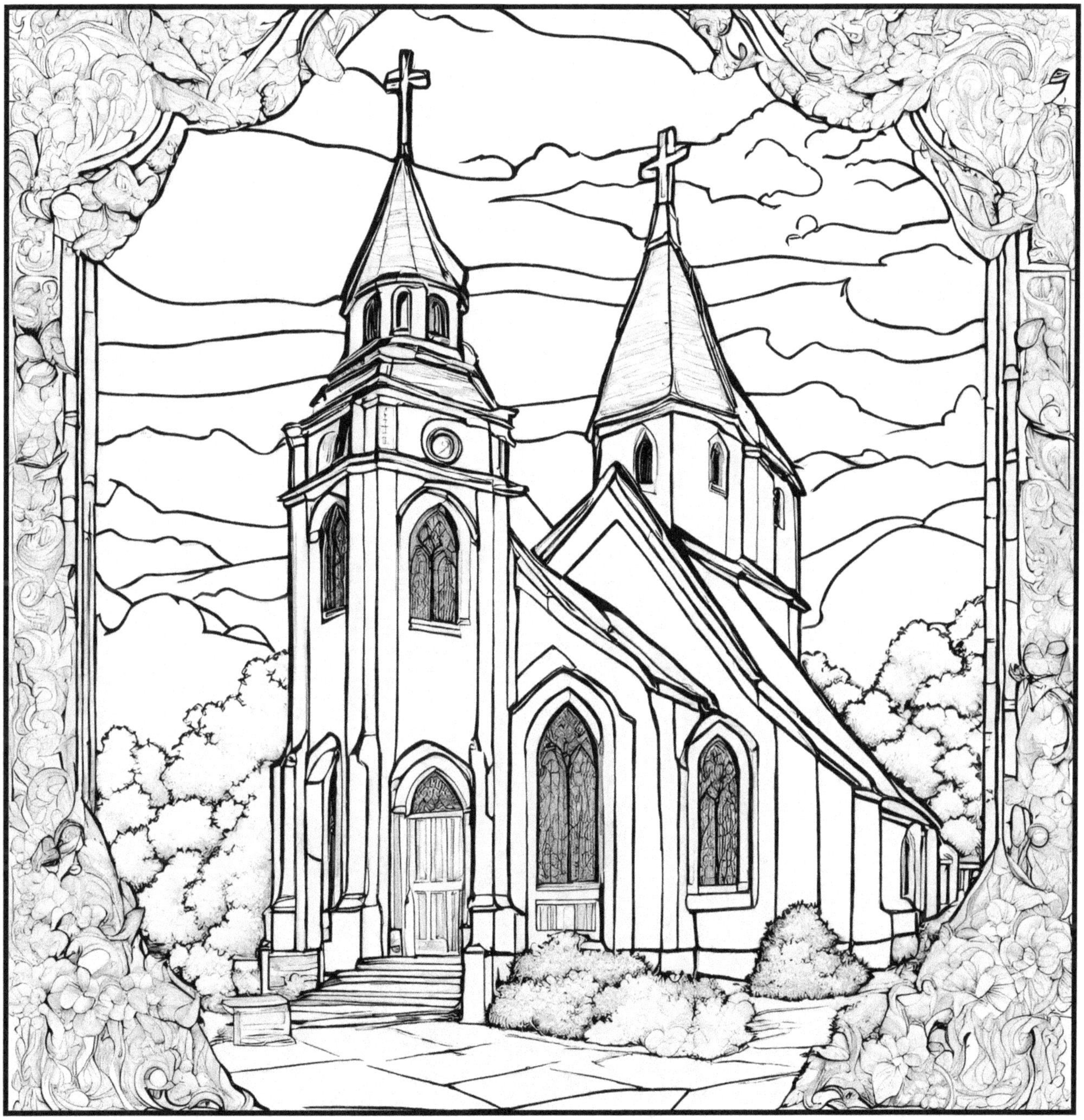

No. 4

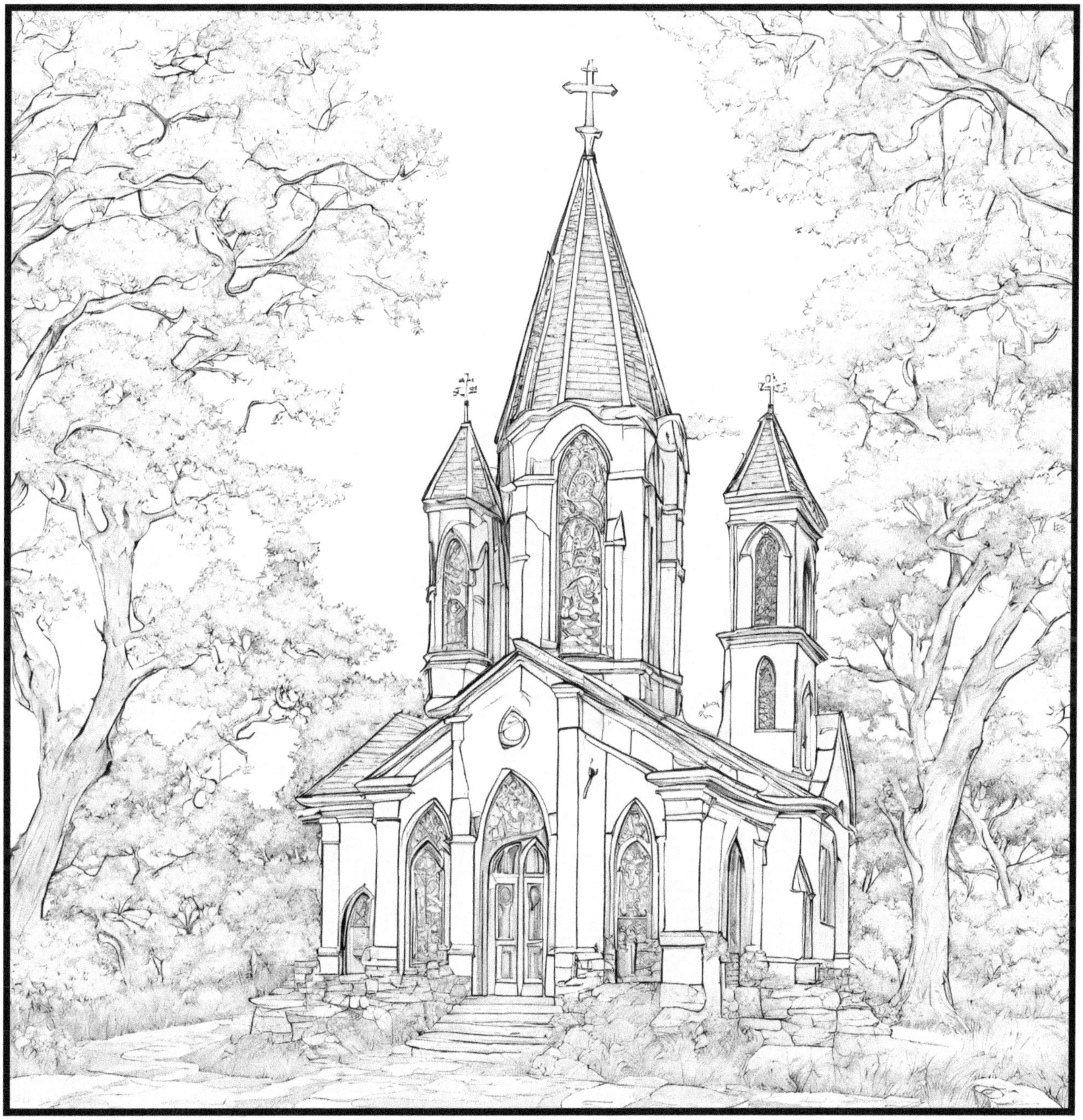

No. 5

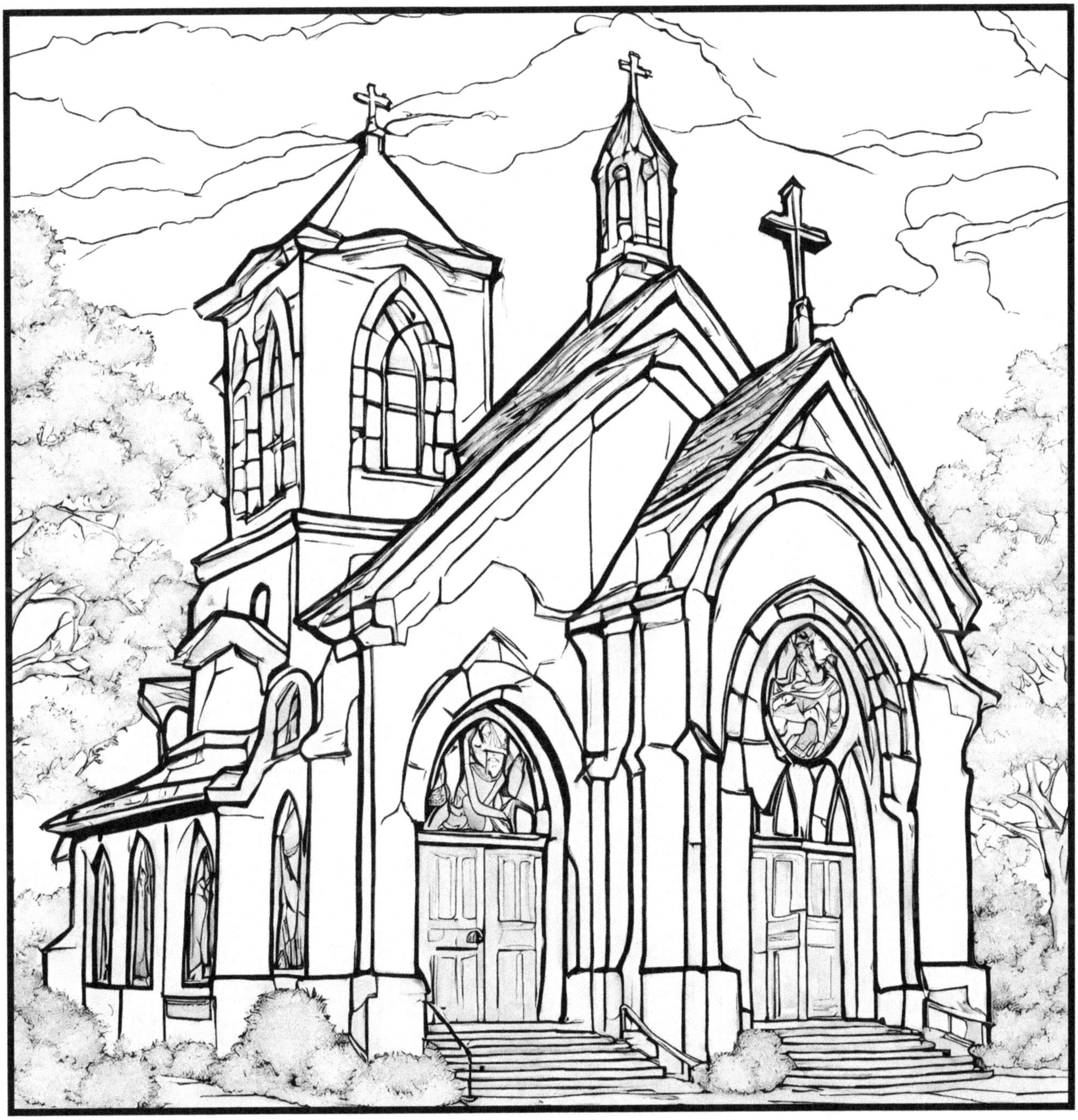

No. 6

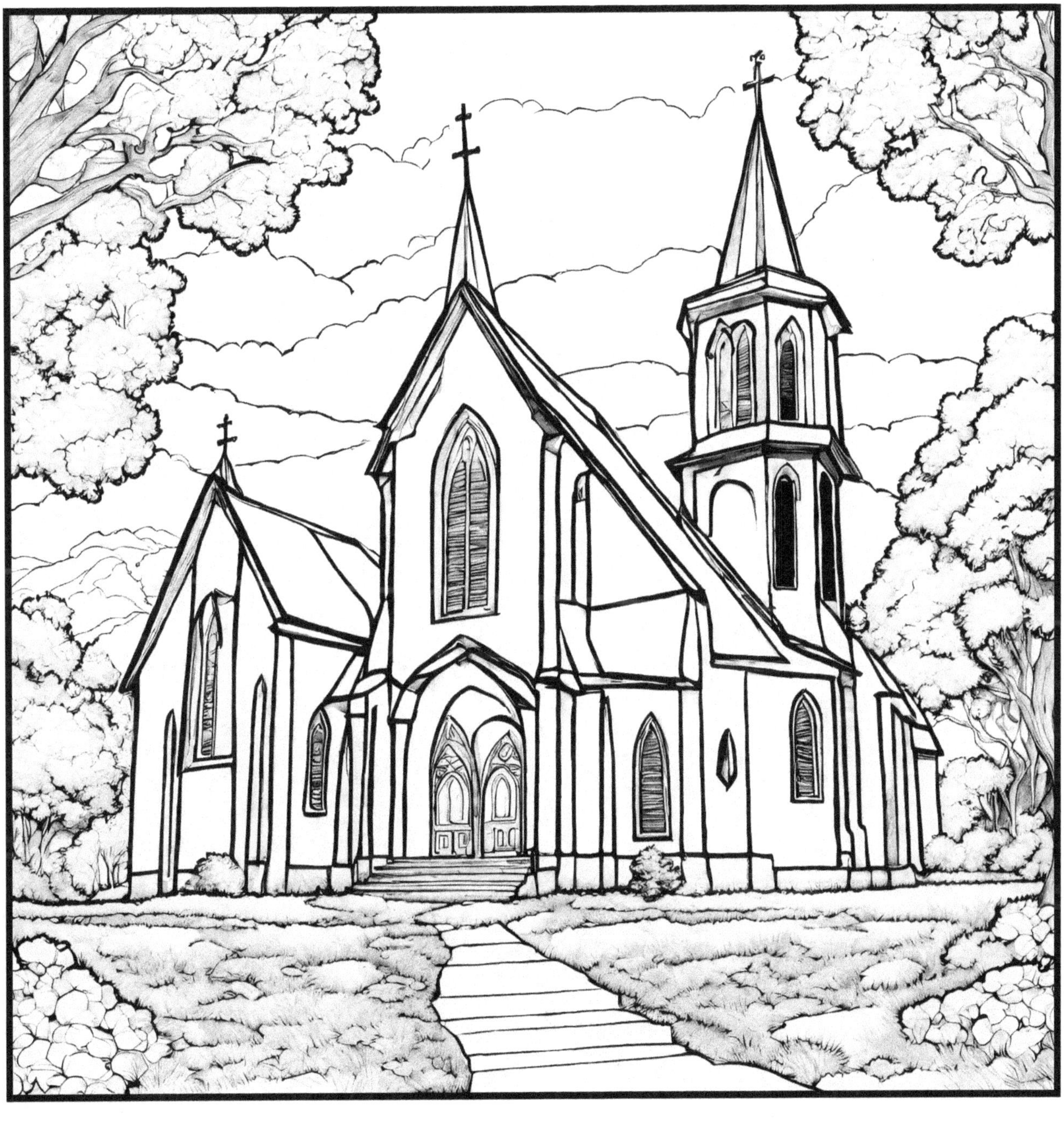

No. 7

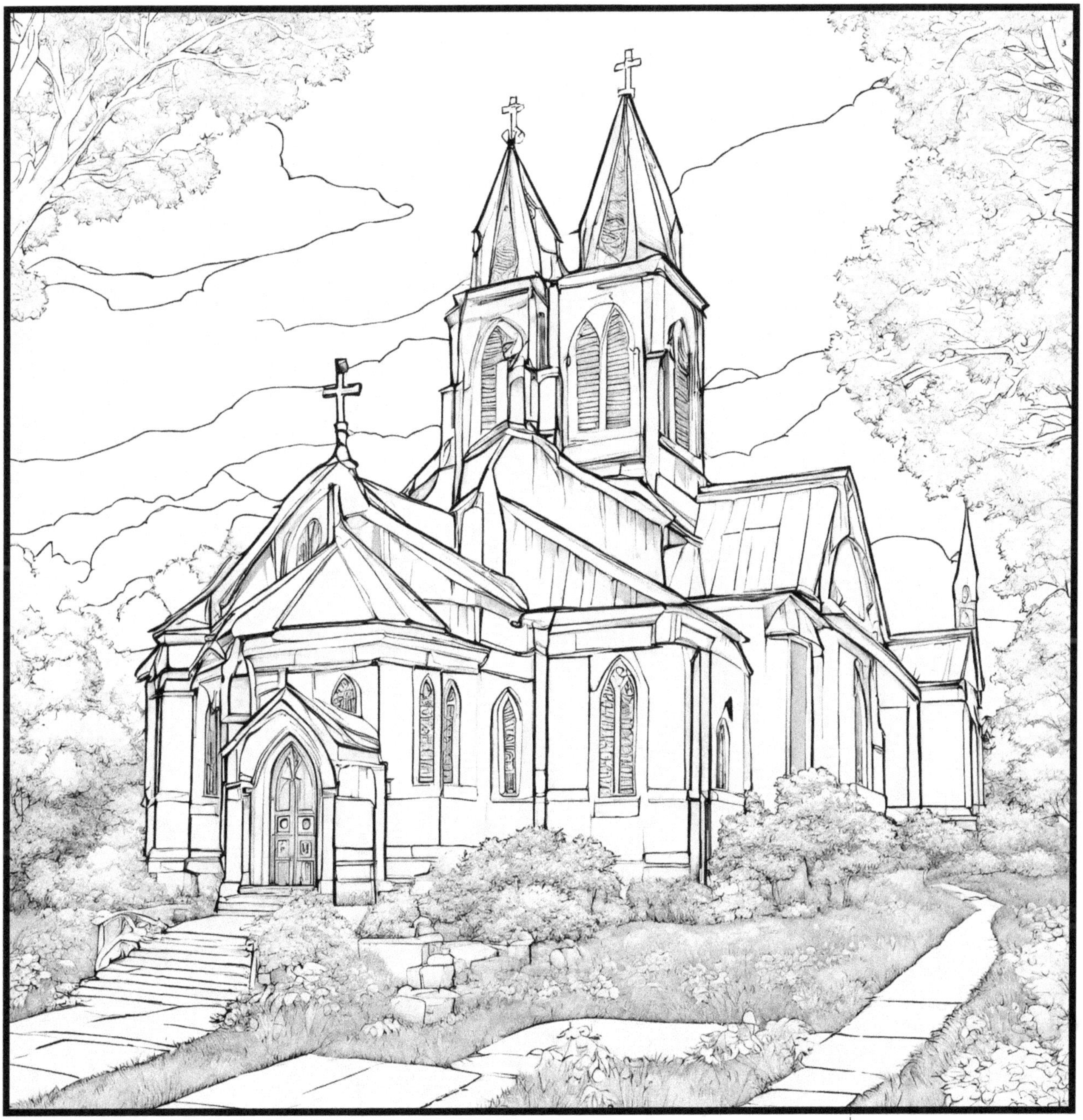

No. 8

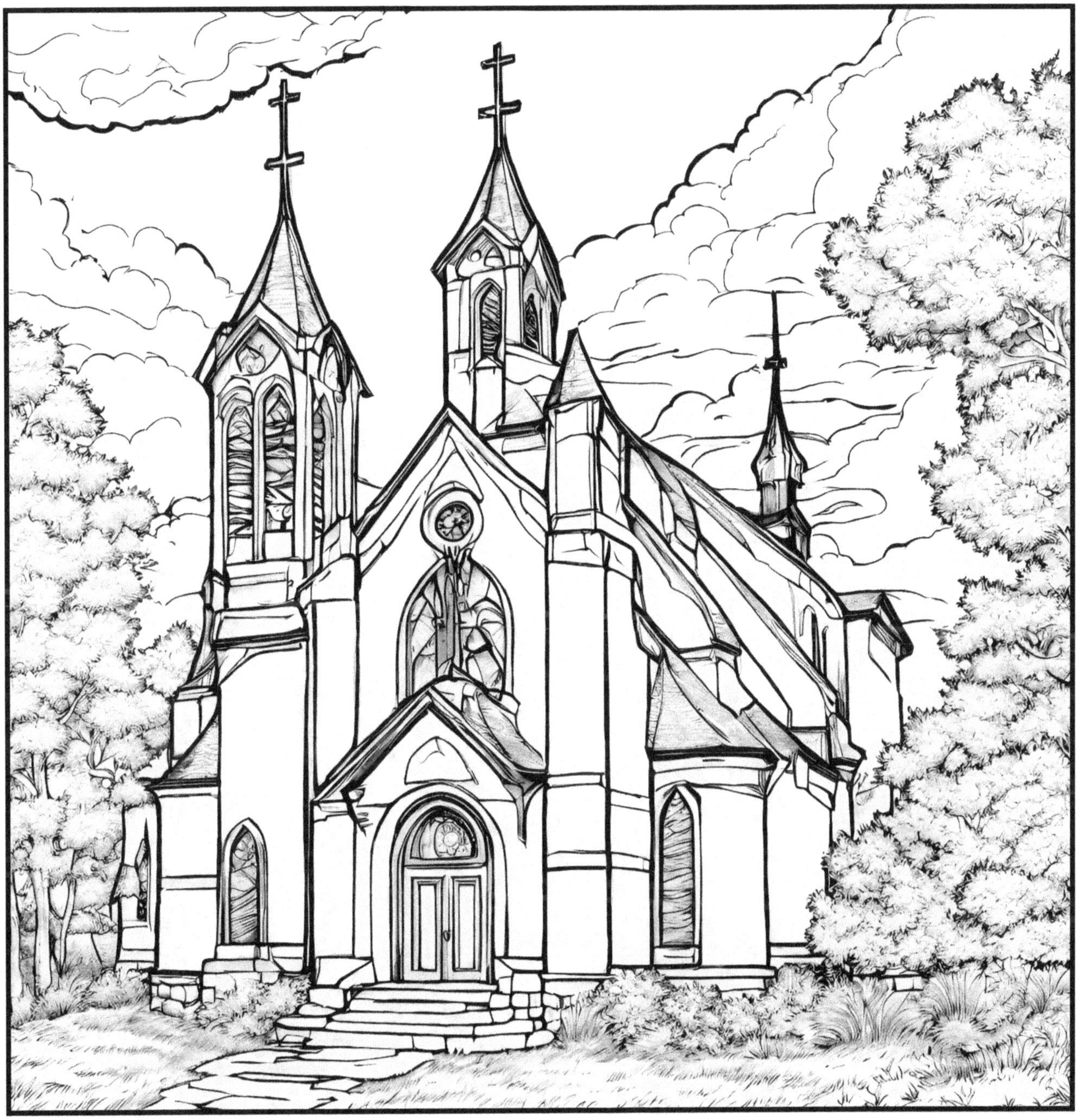

No. 9

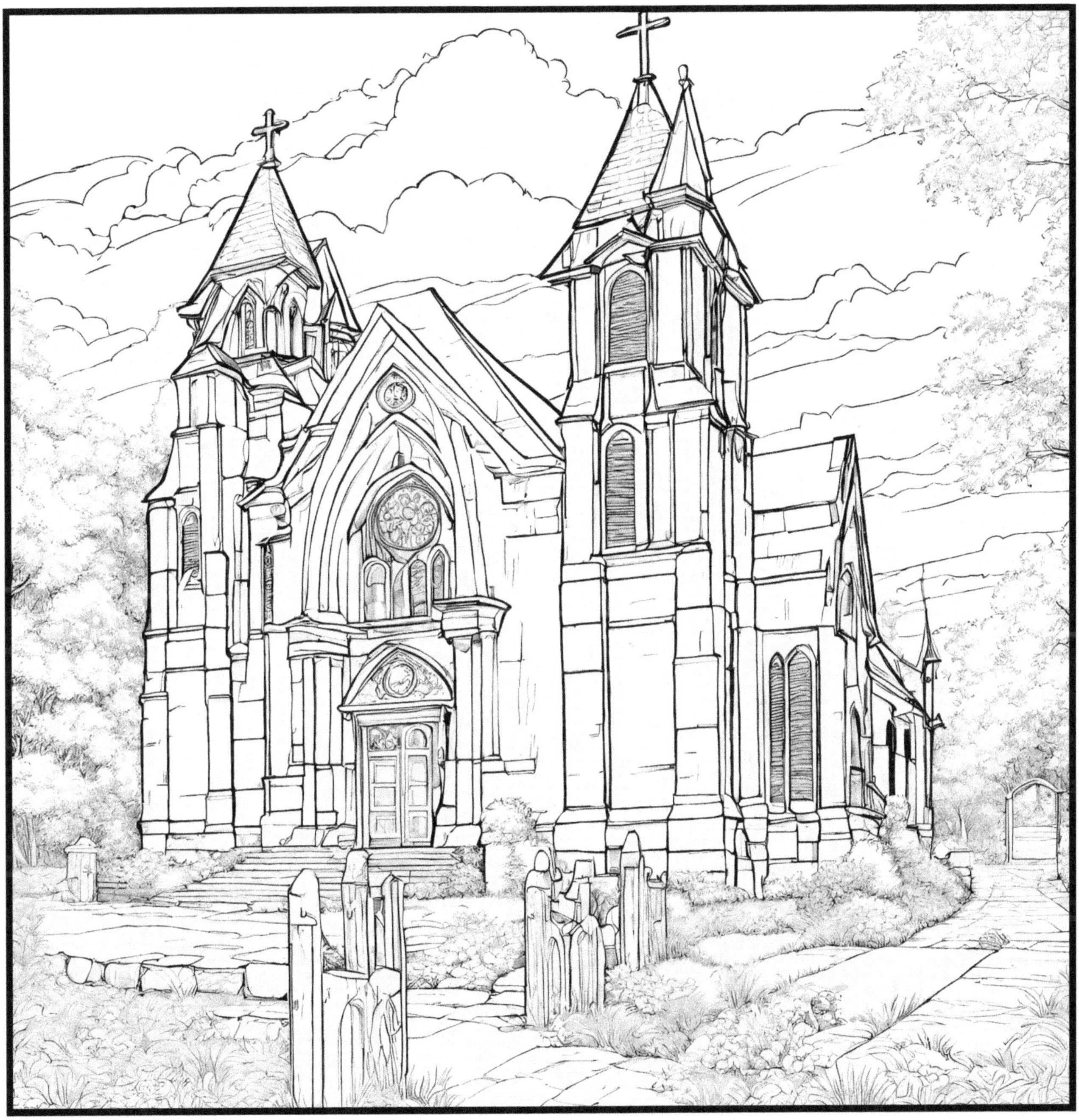

No. 10

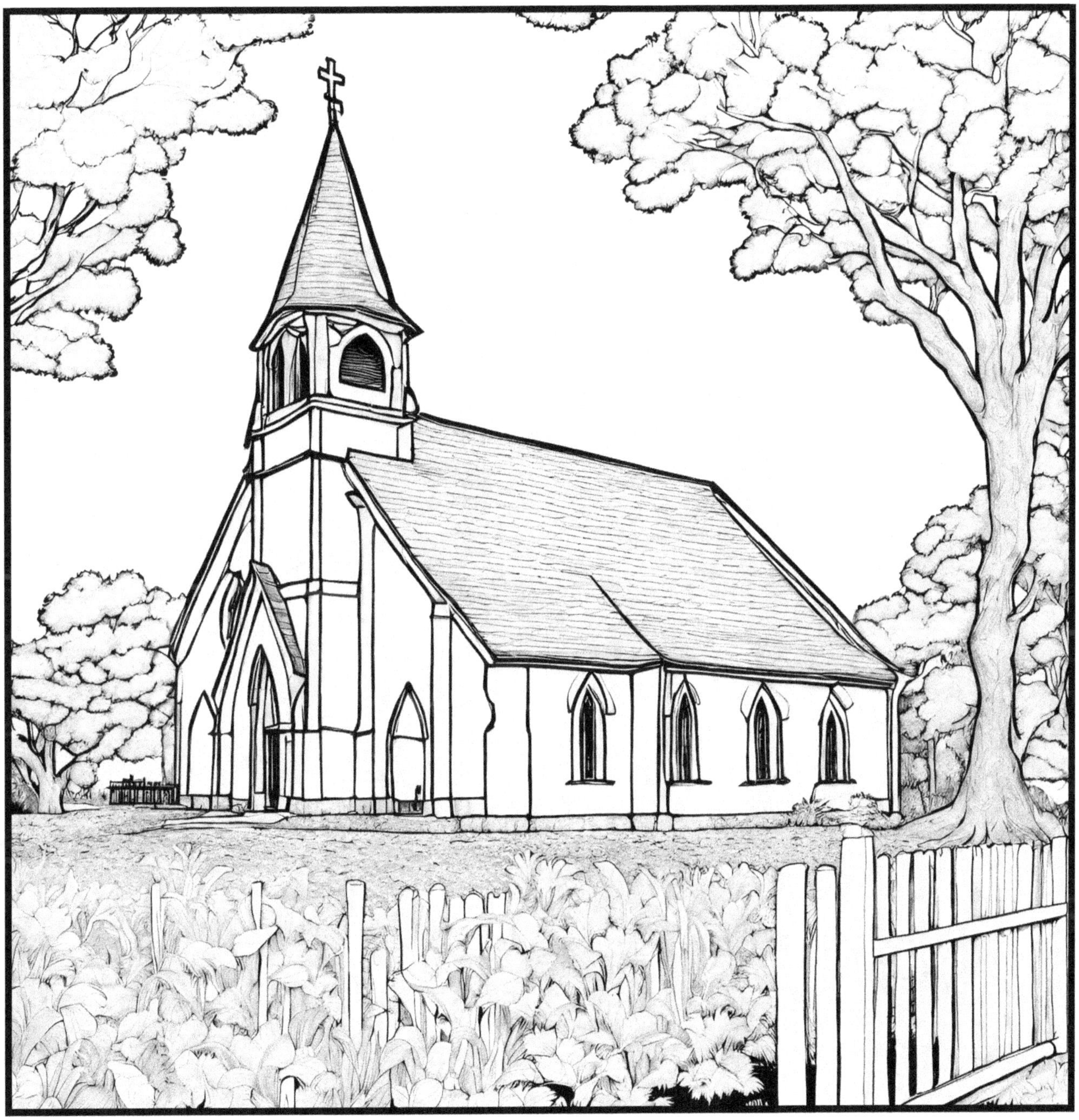

No. 11

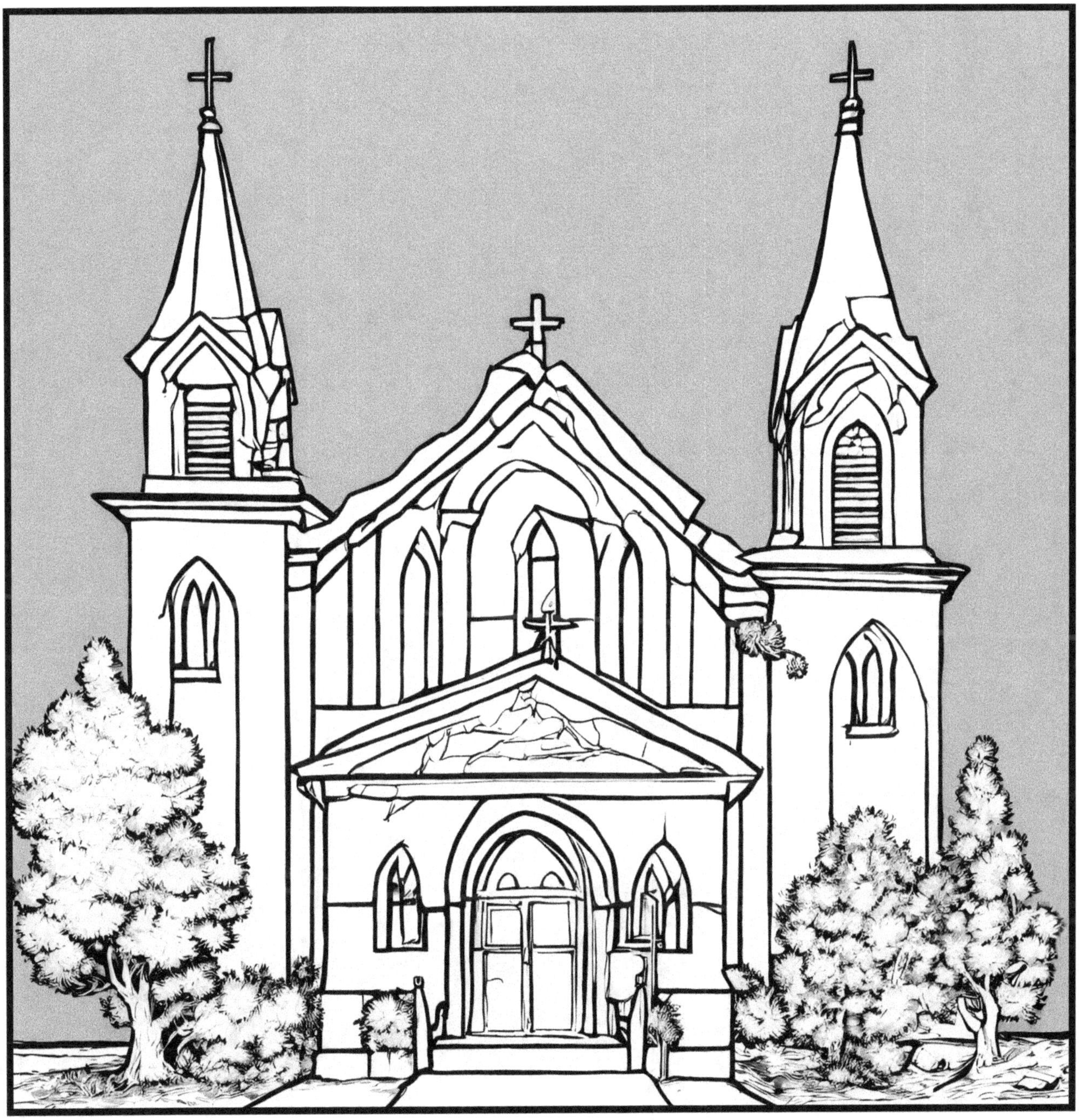

No. 12

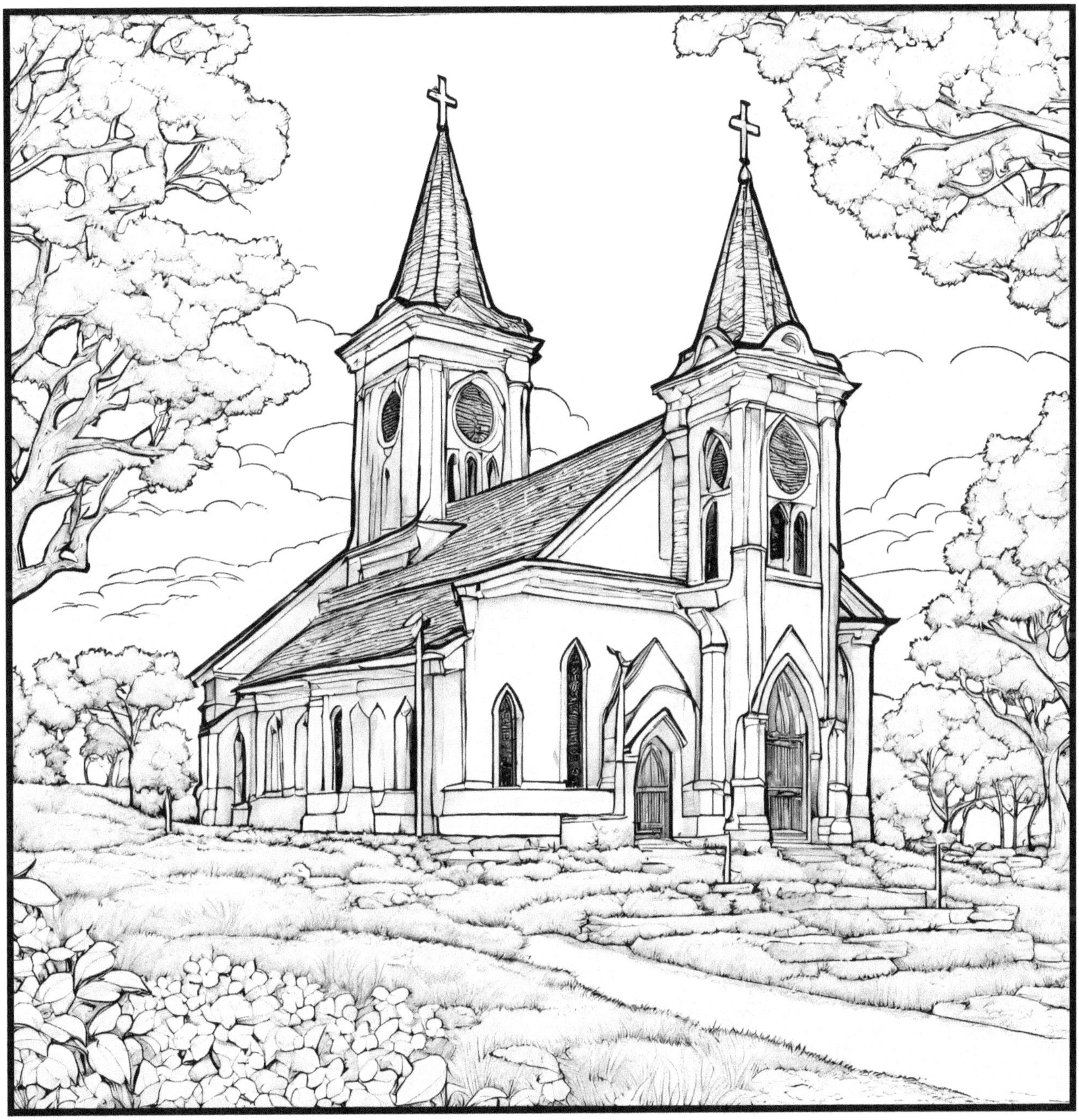

No. 13

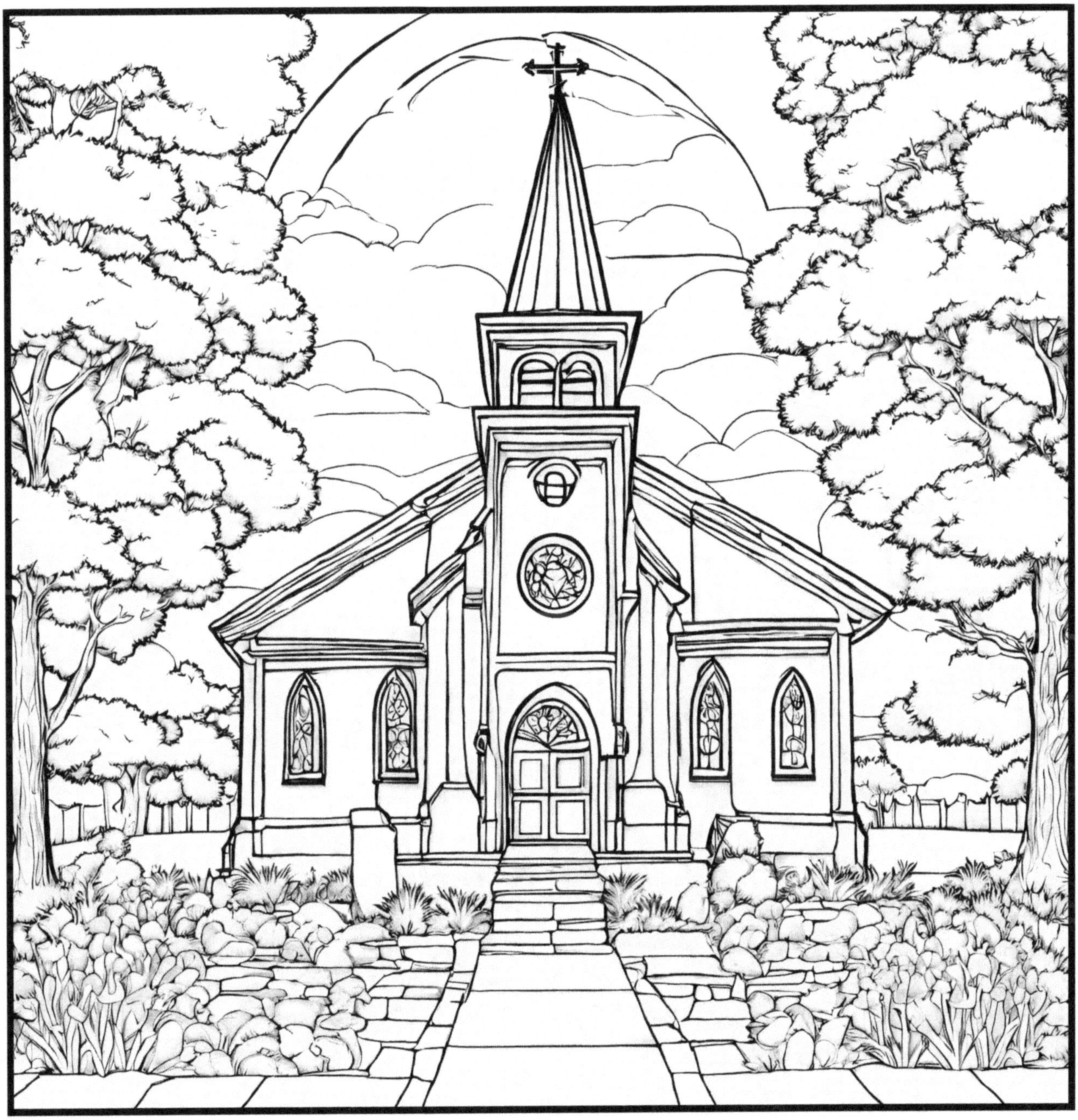

No. 14

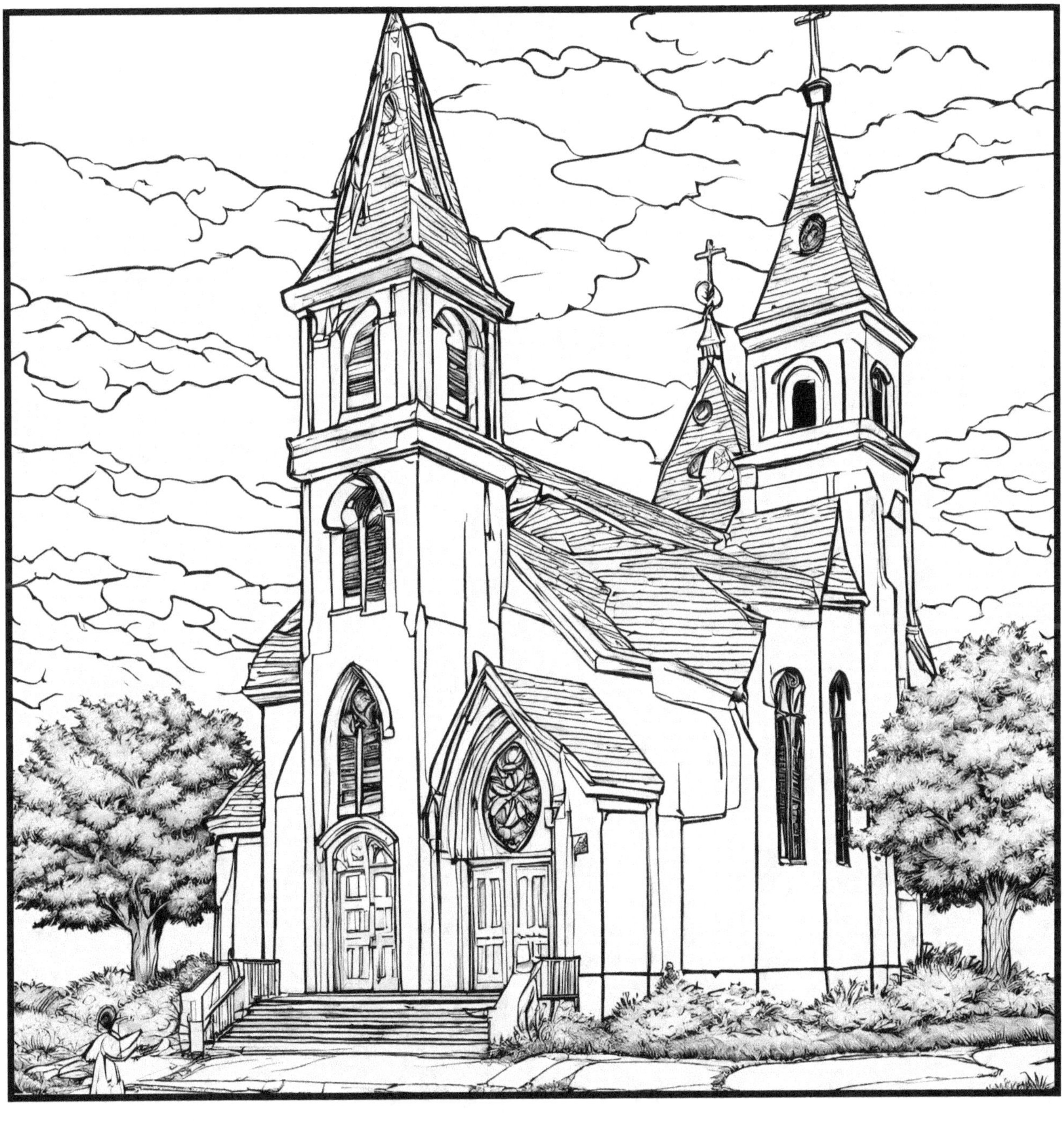

No. 15

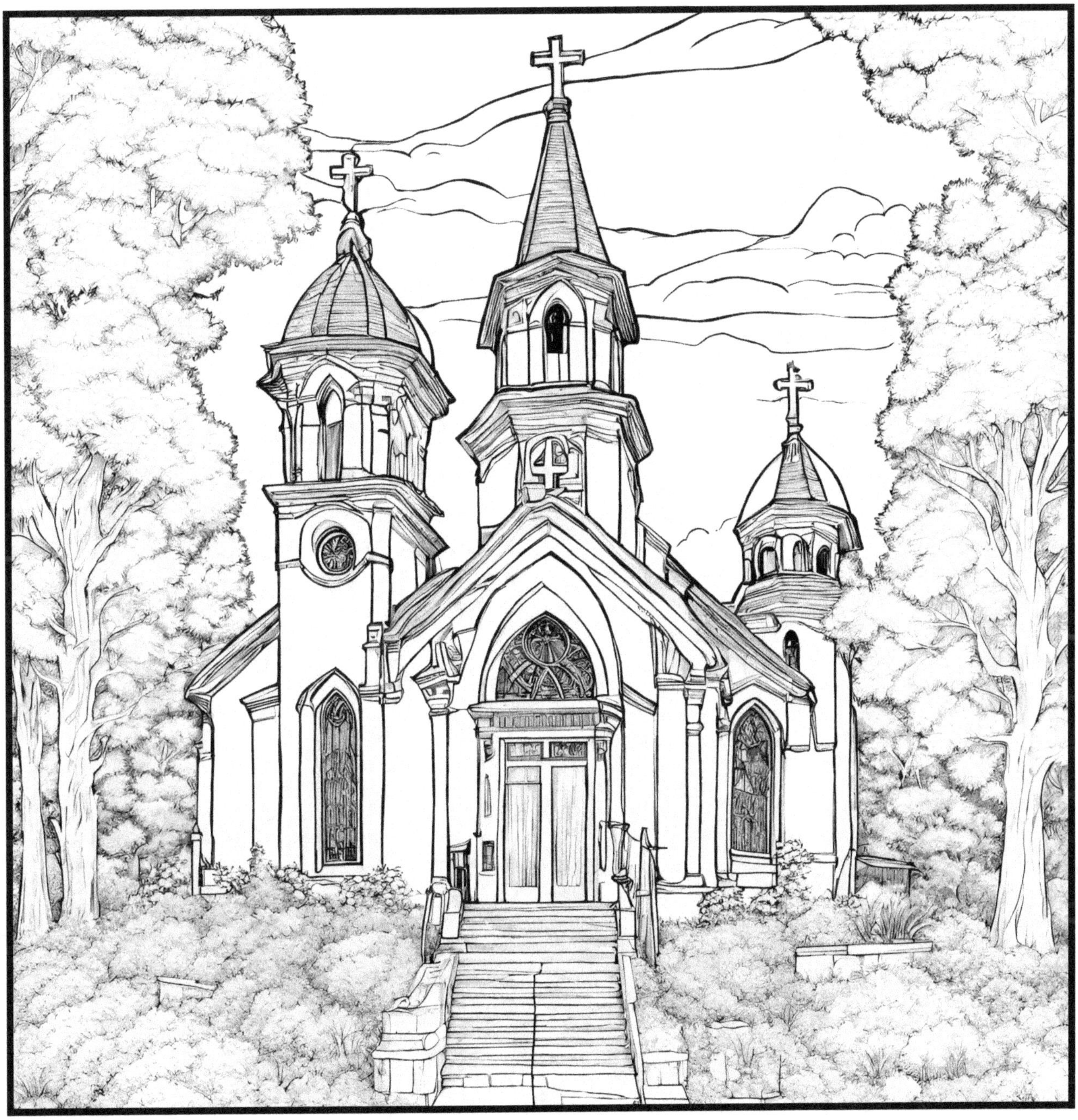

No. 16

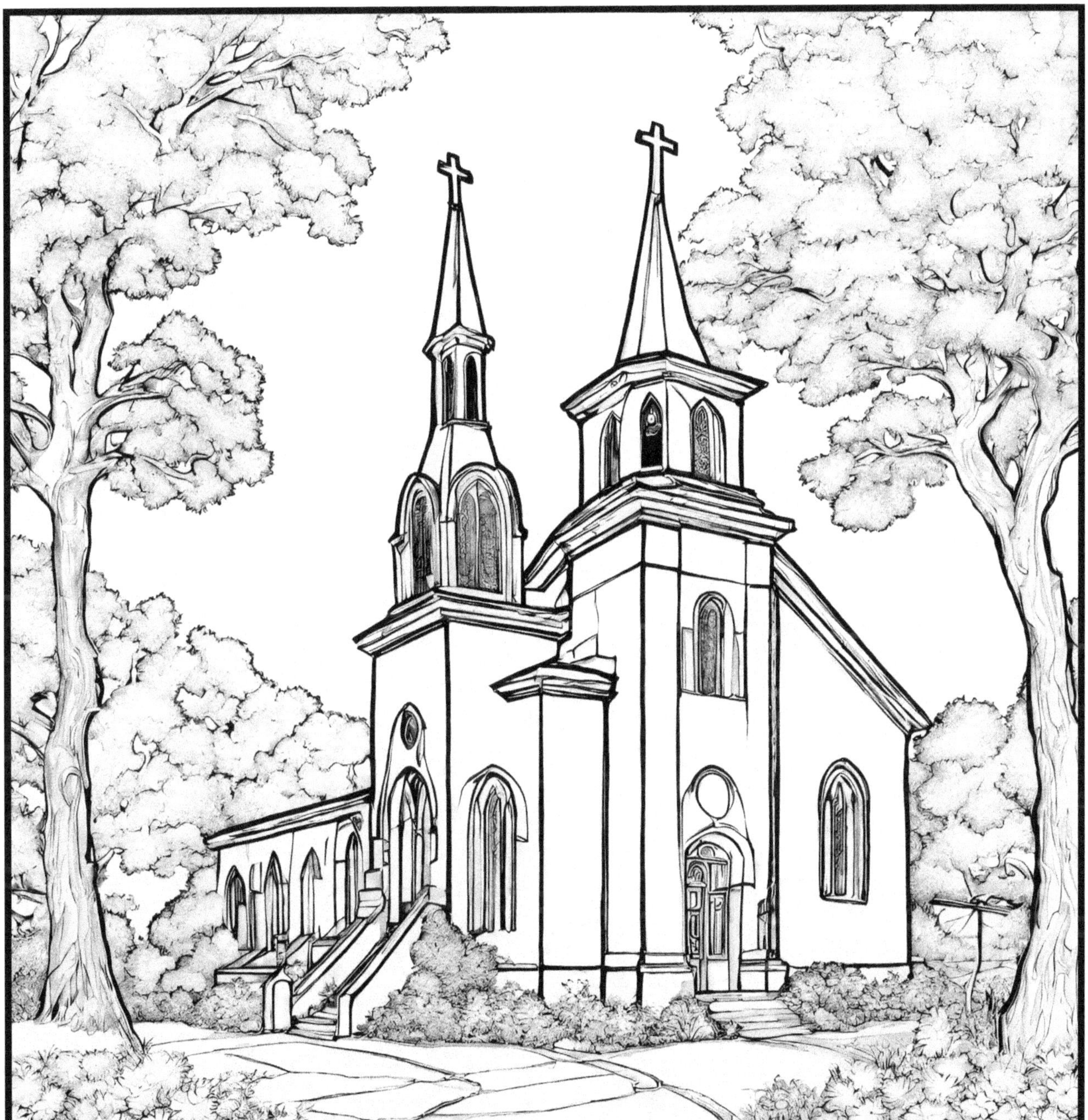

No. 17

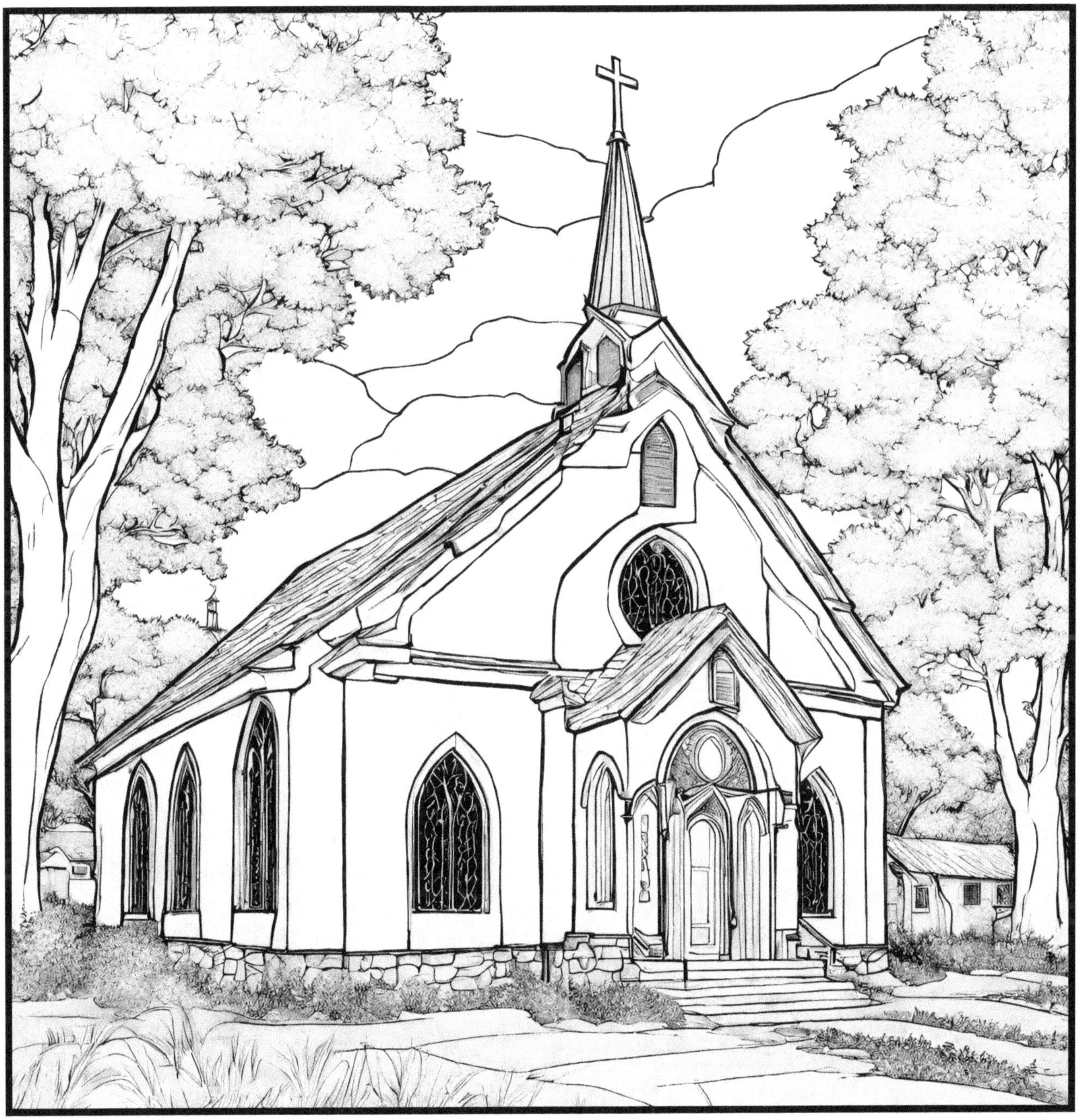

No. 18

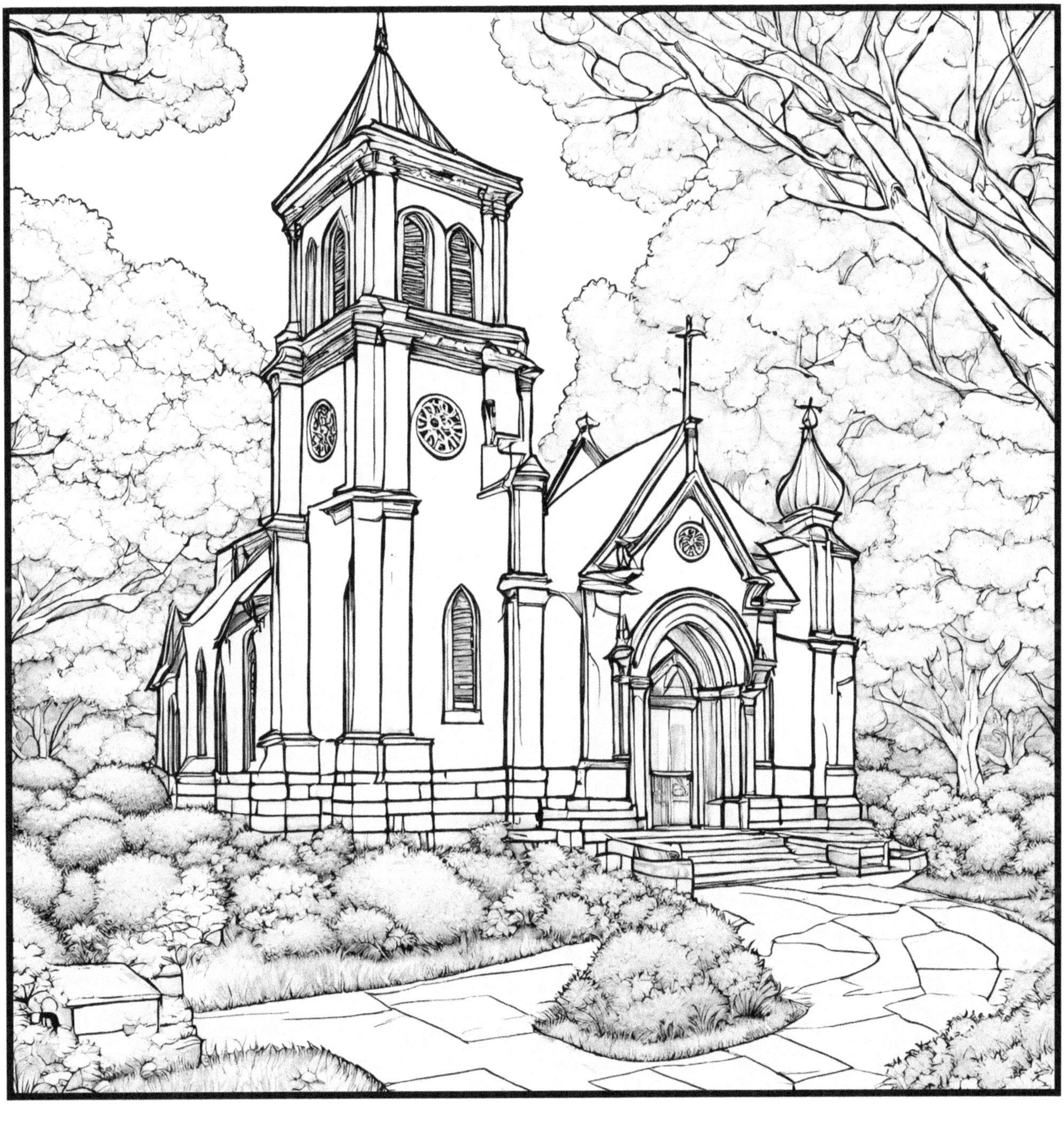

No. 19

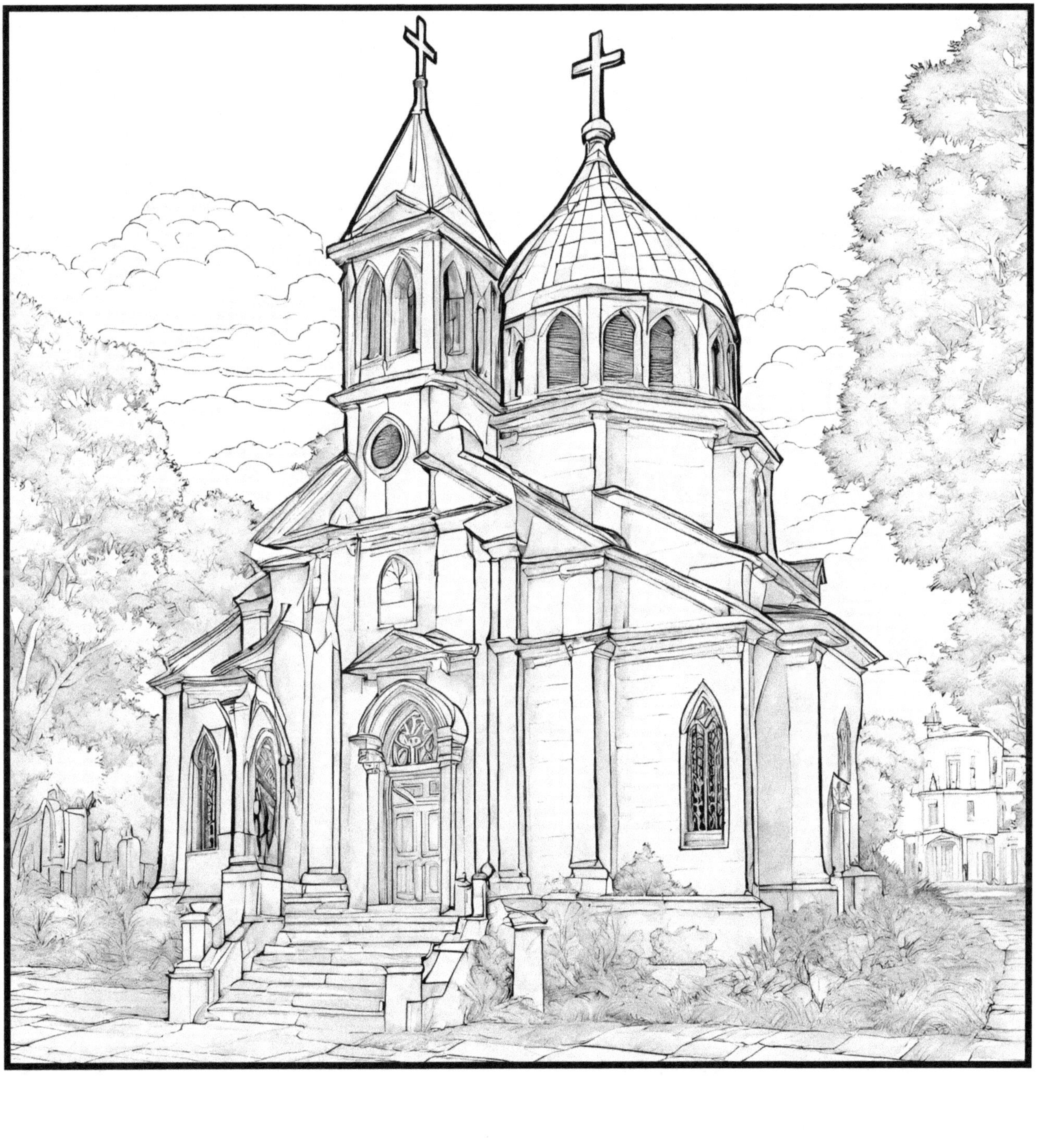

No. 20

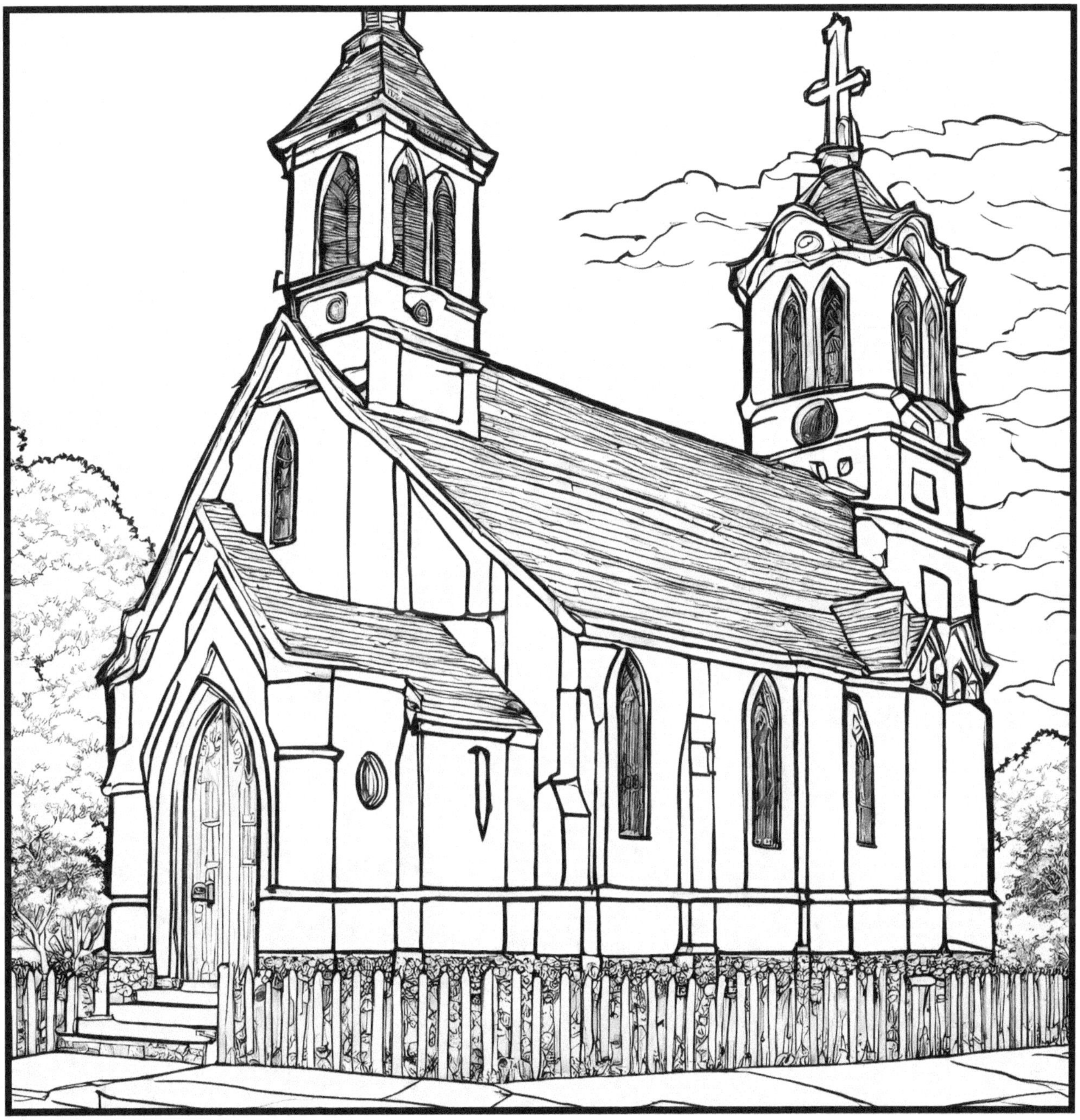

No. 21

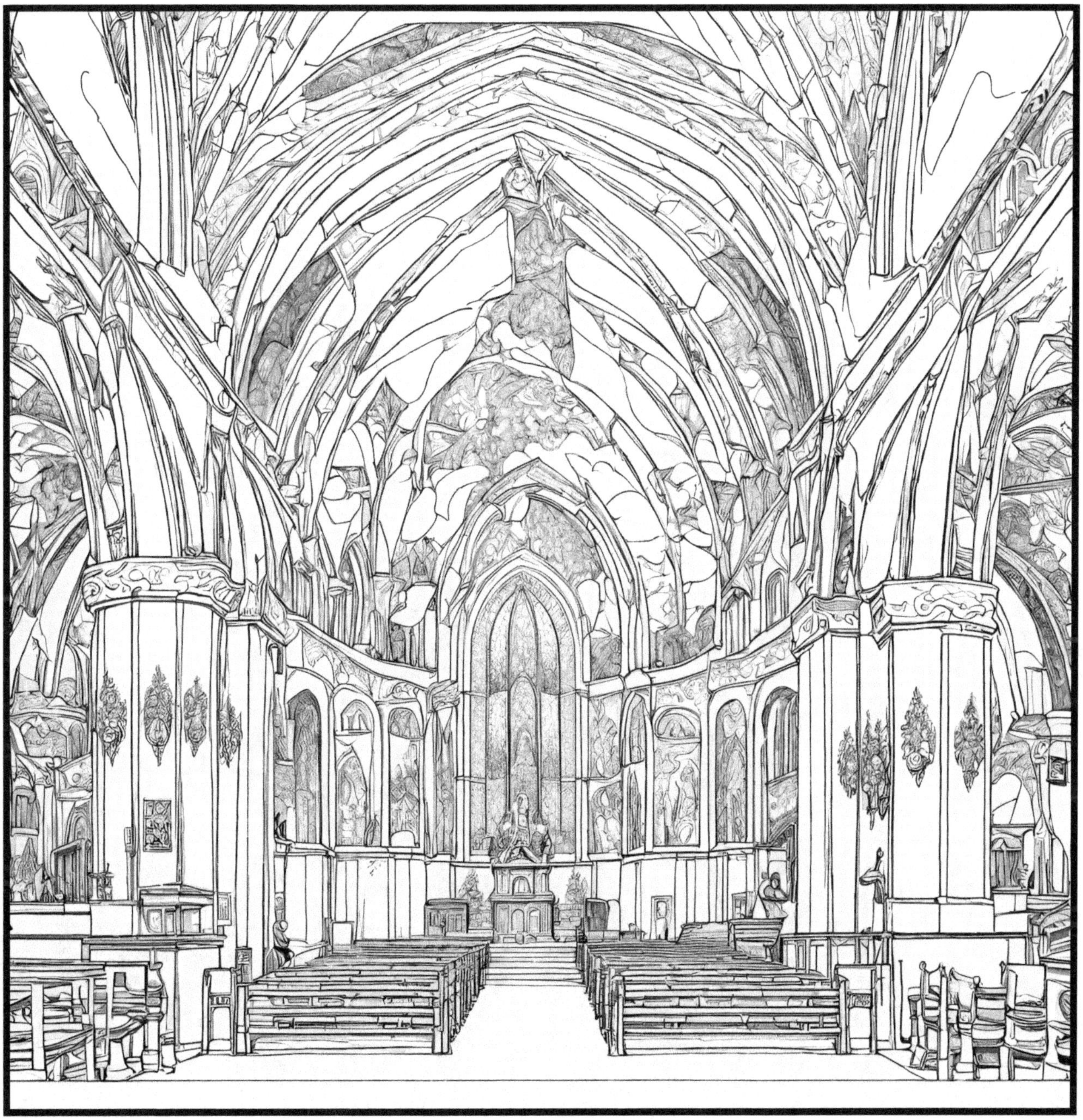

No. 22

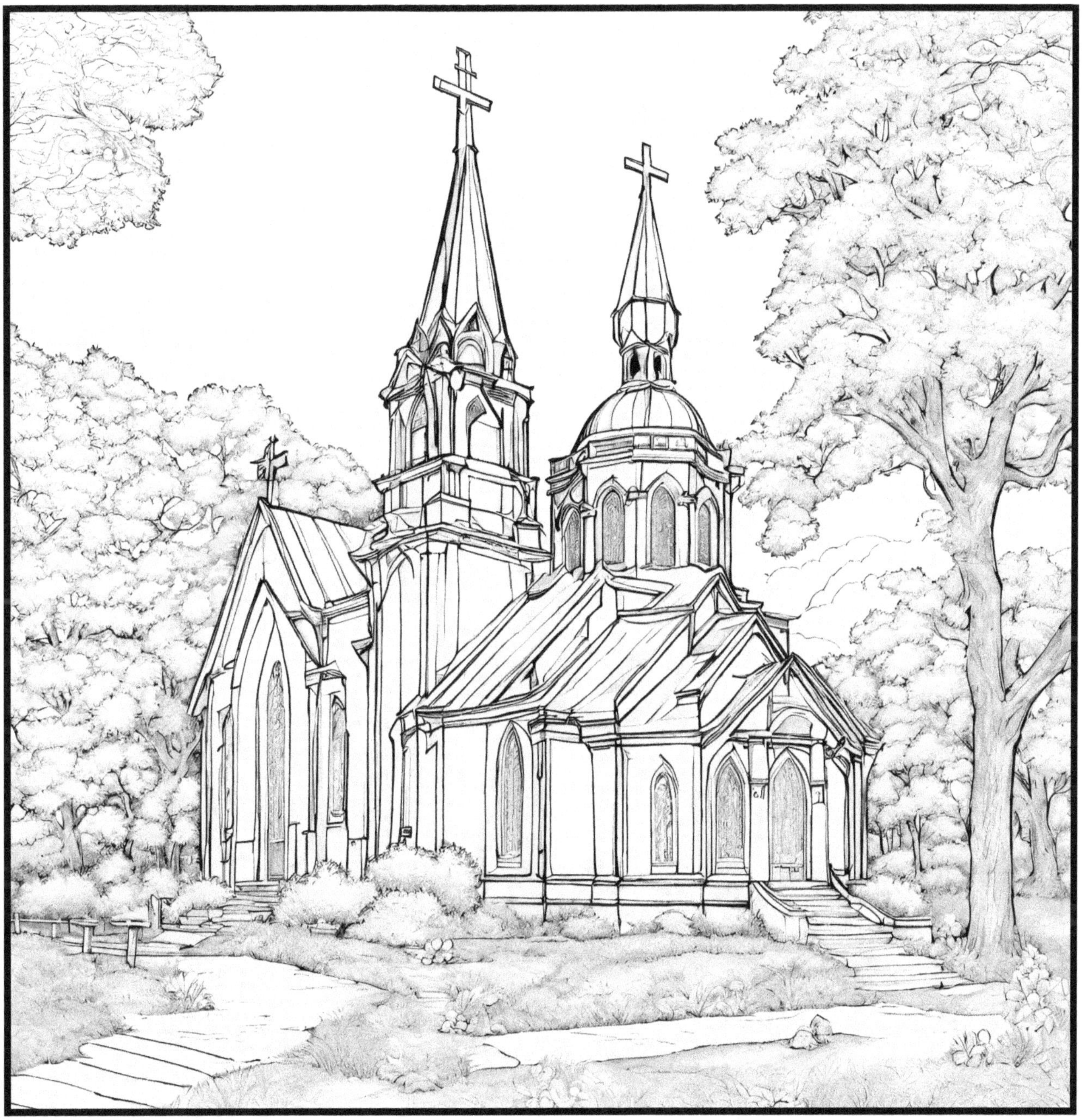

No. 23

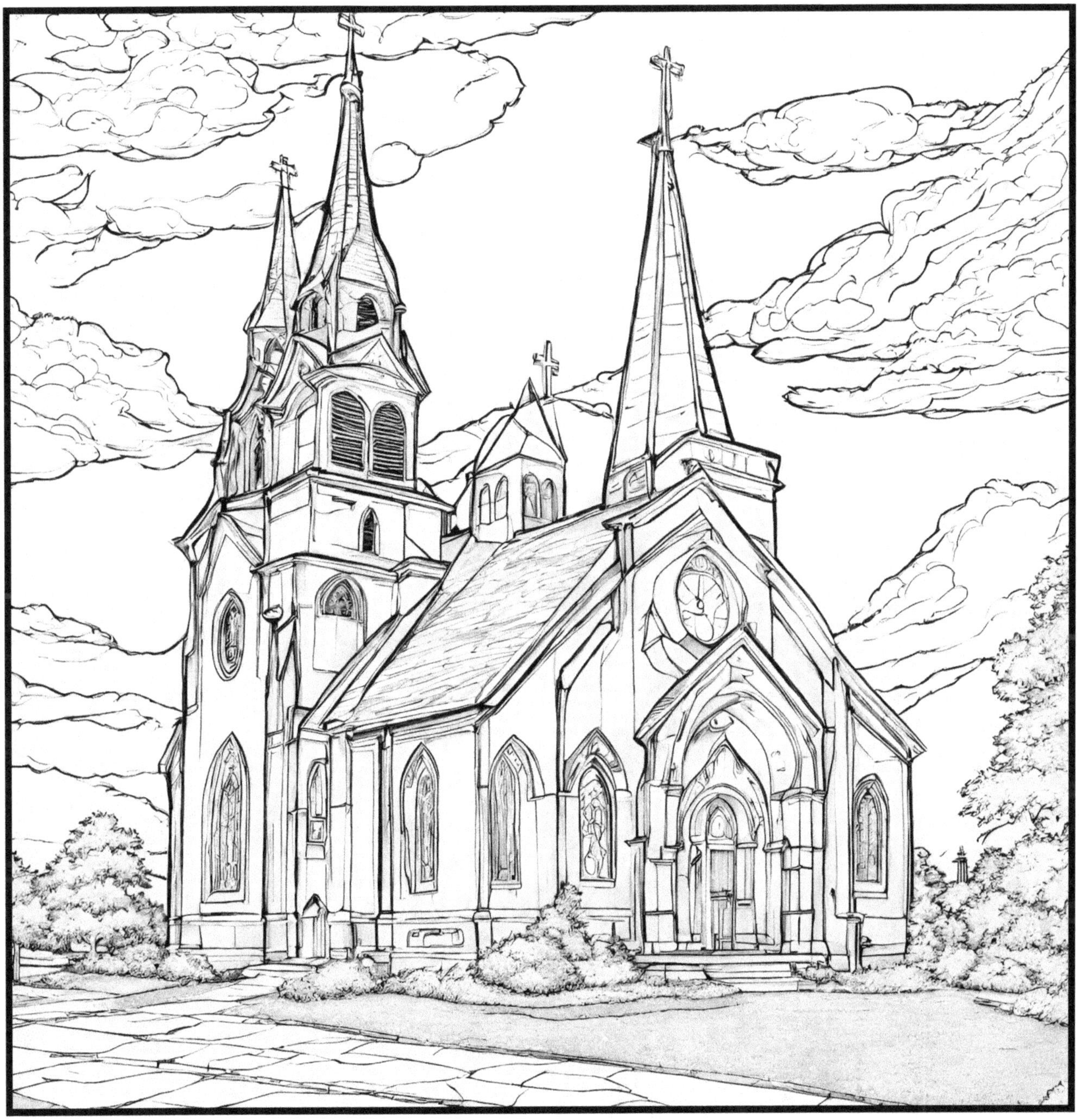

No. 24

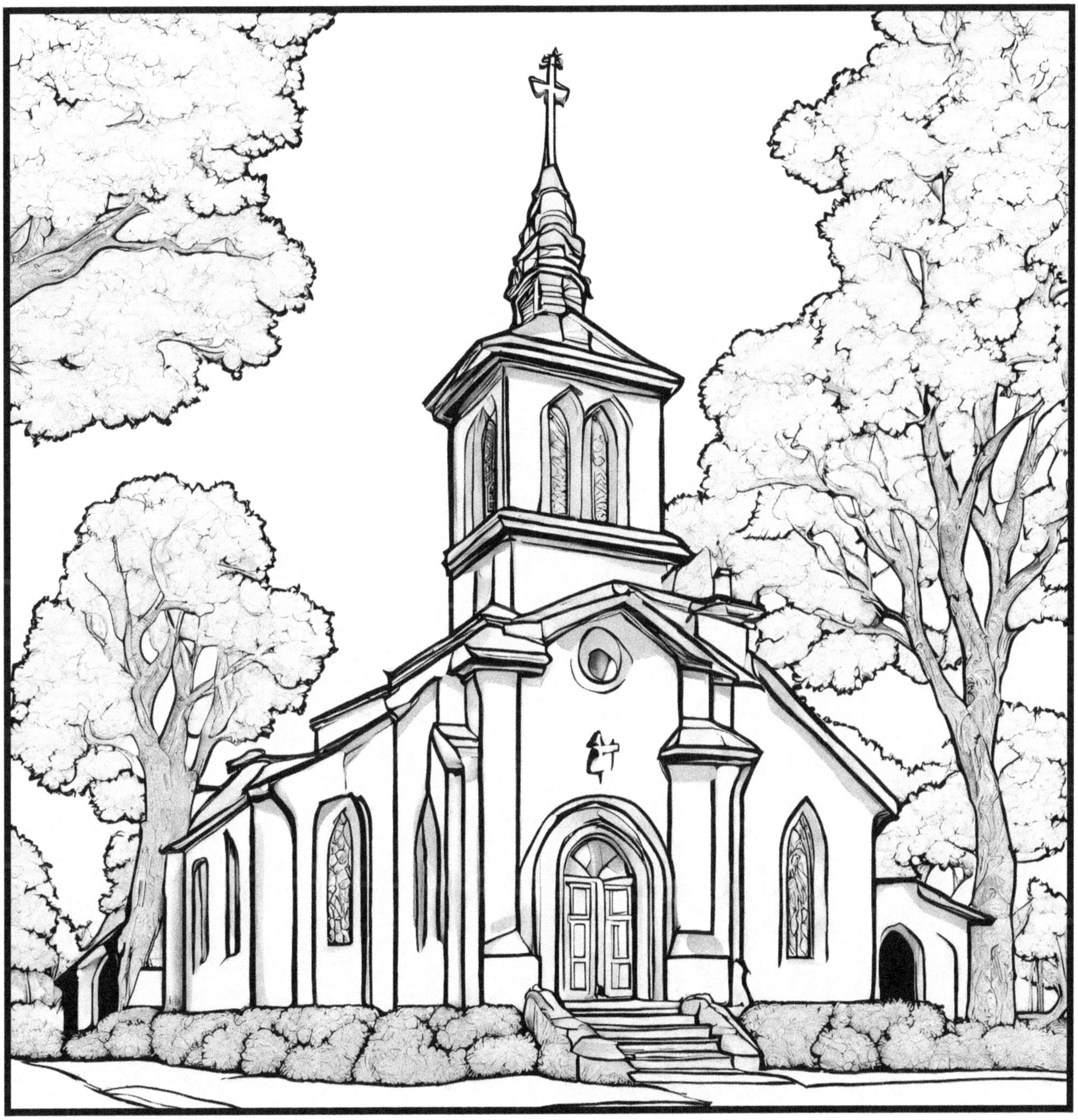

No. 25

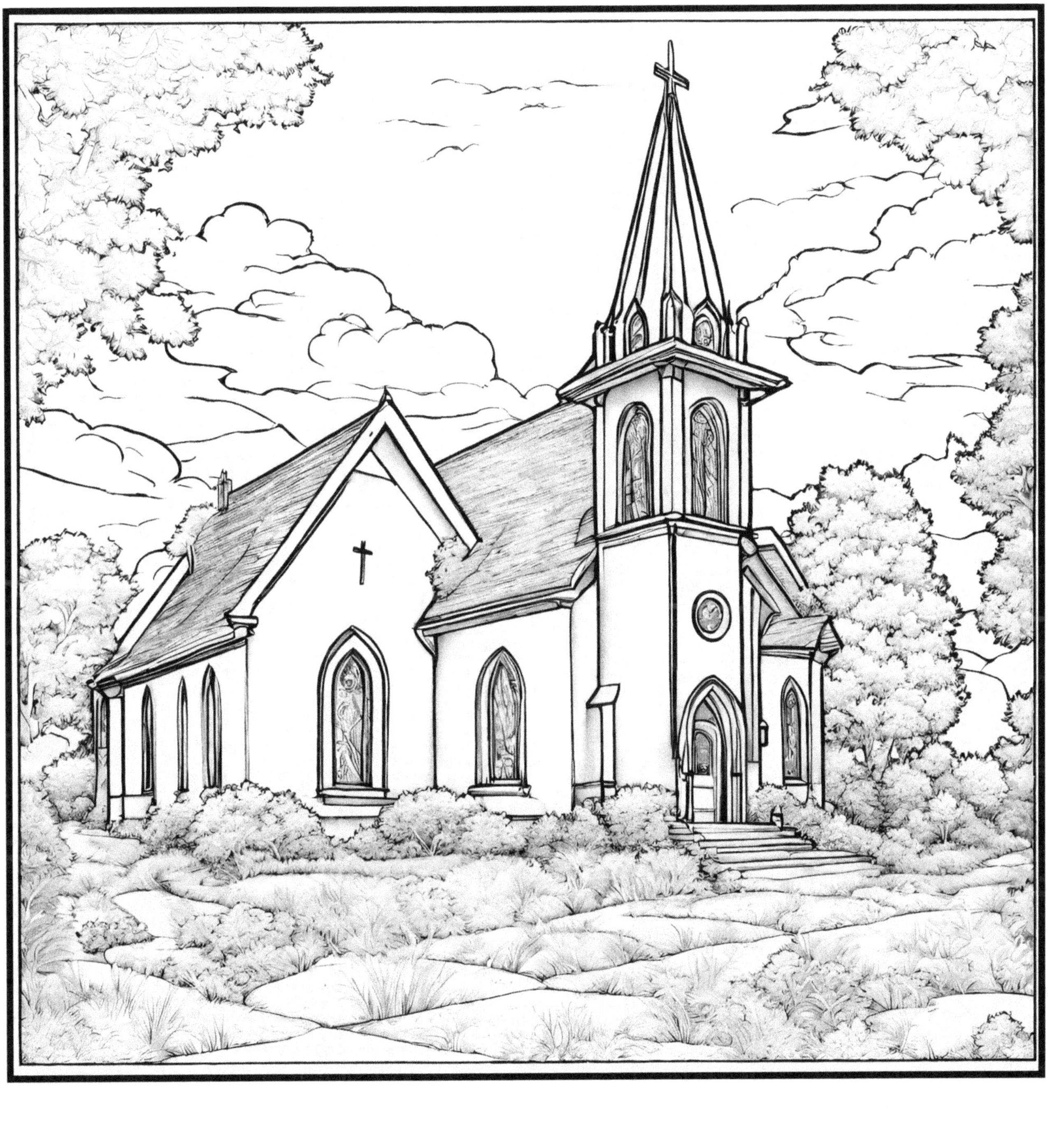

No. 26

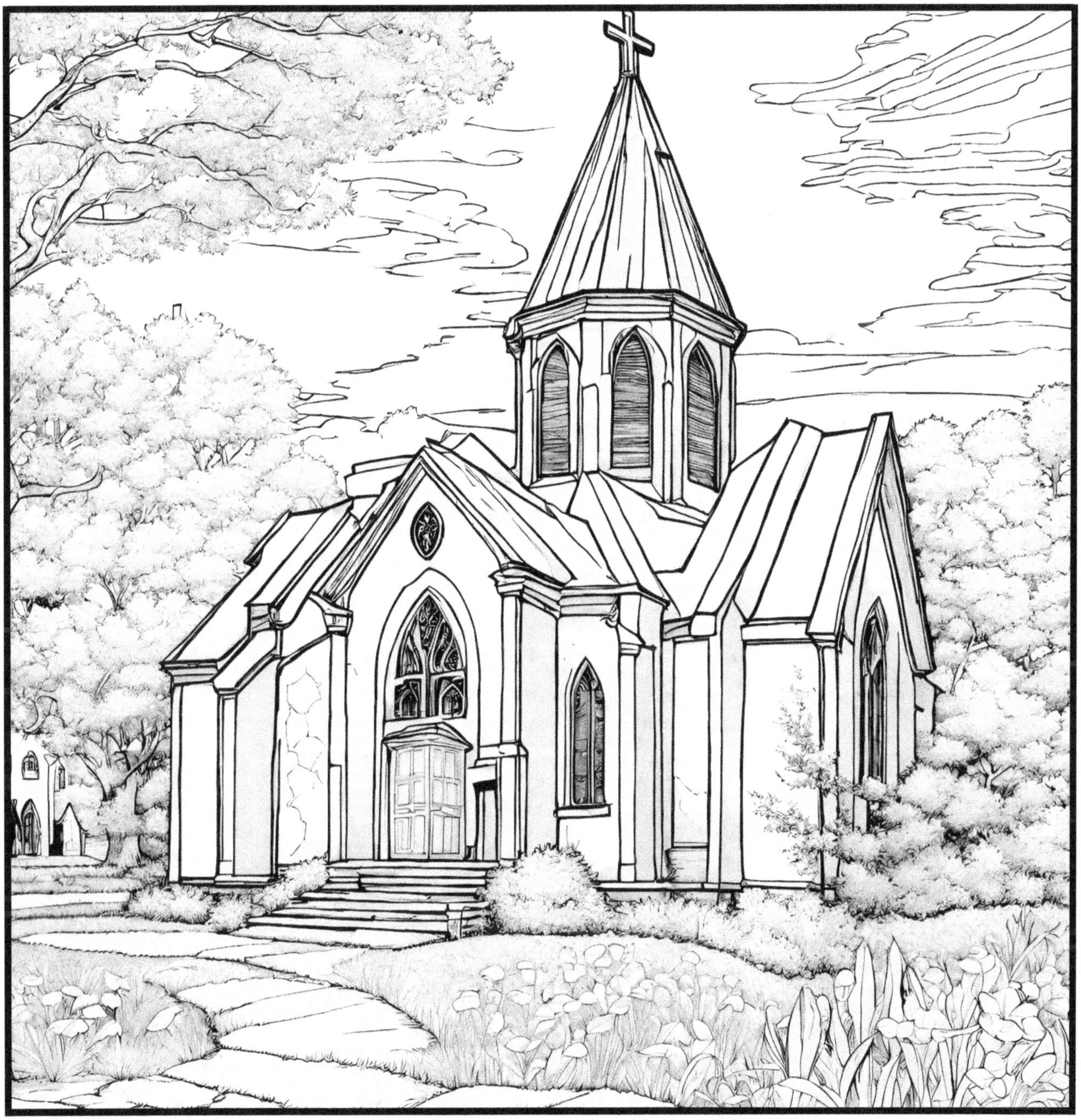

No. 27

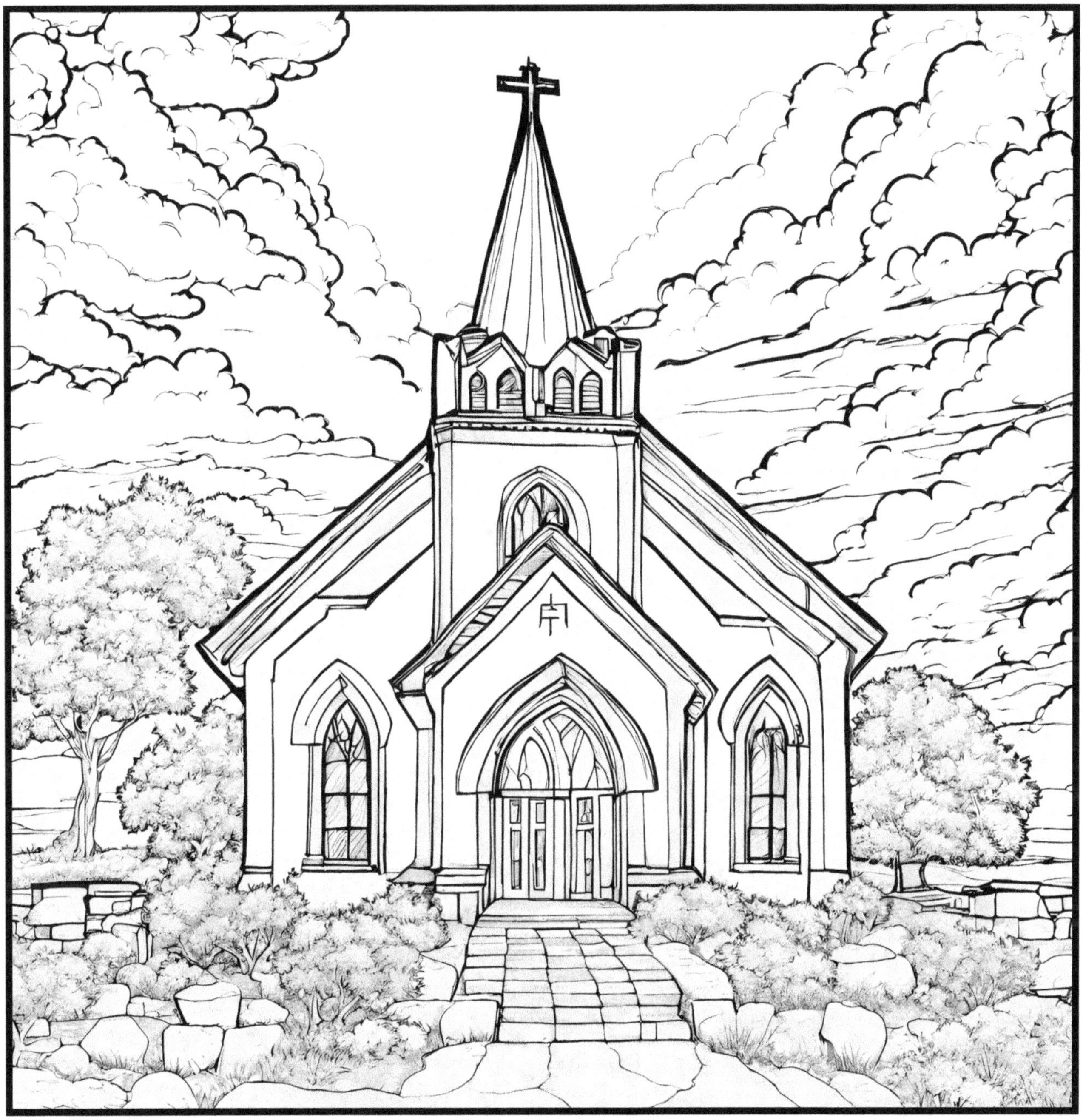

No. 28

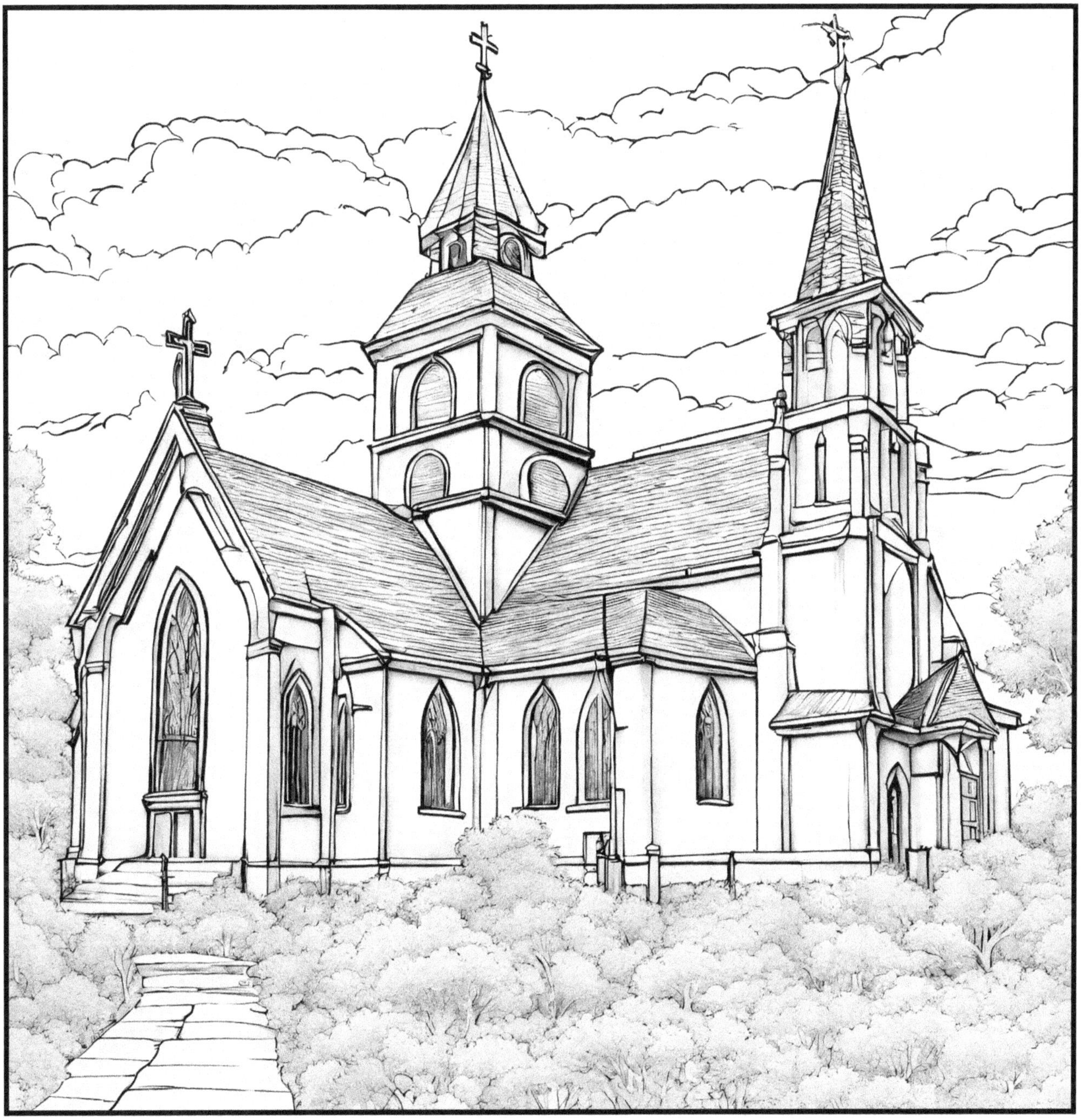

No. 29

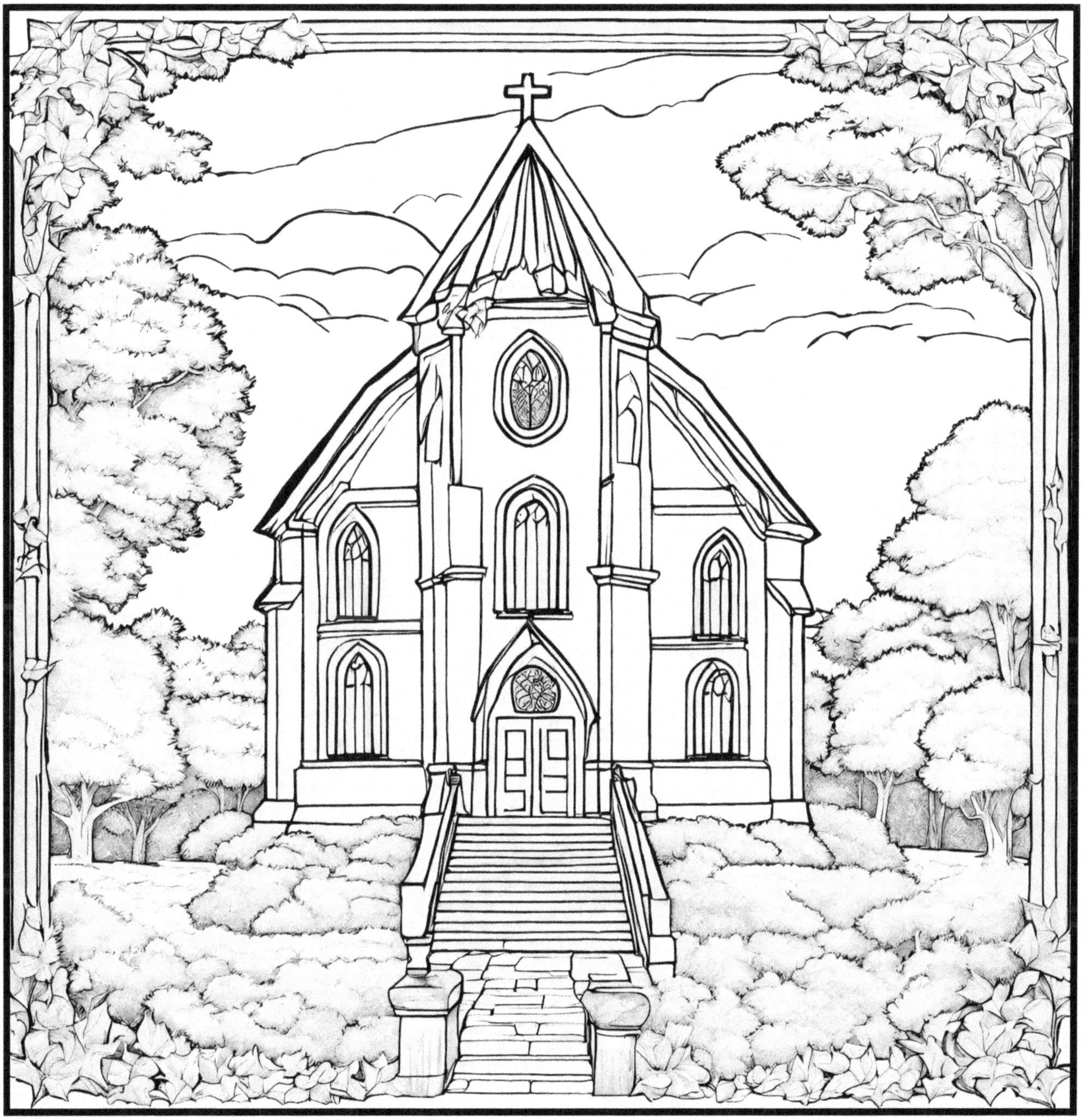

No. 30

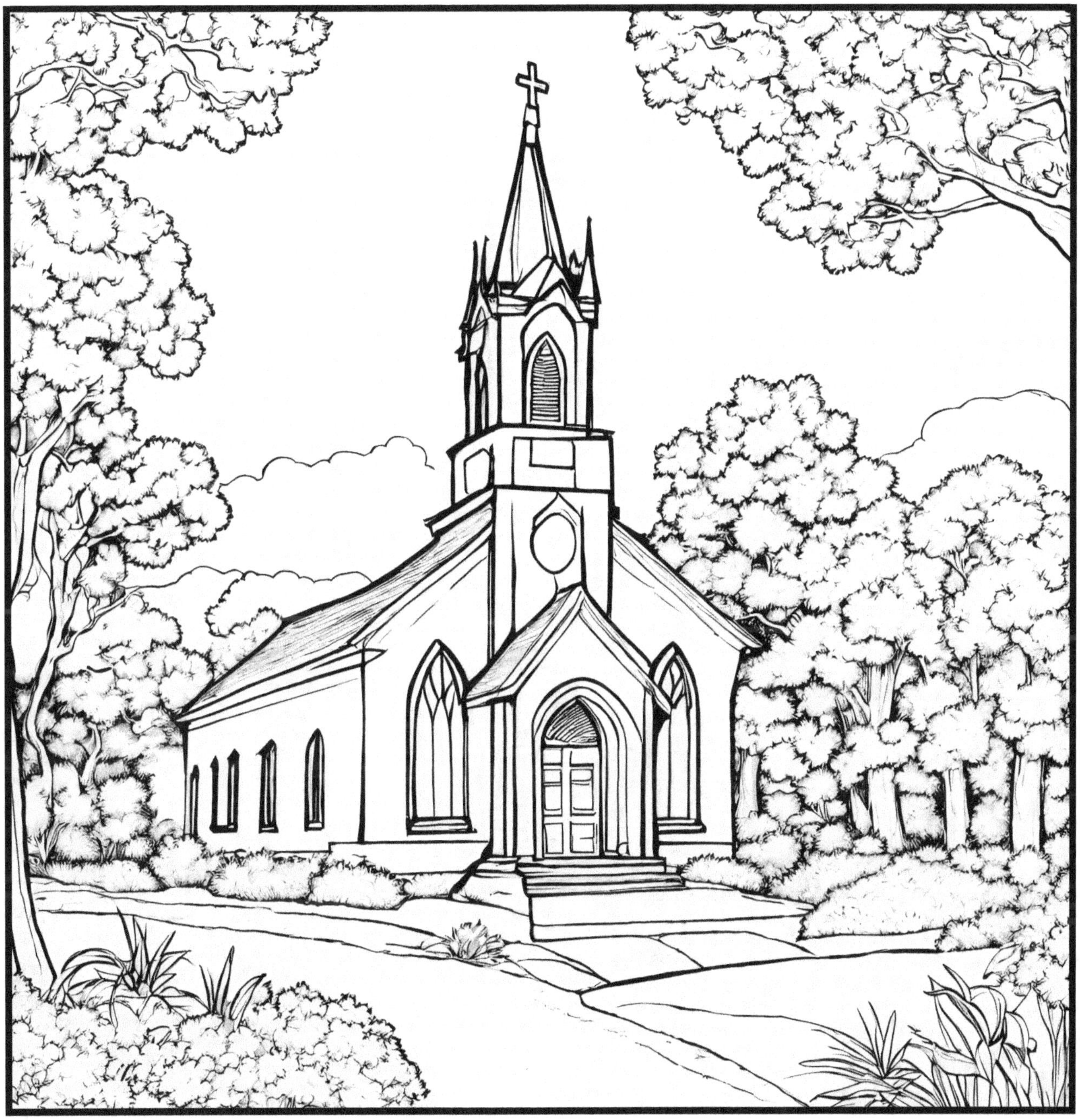

No. 31

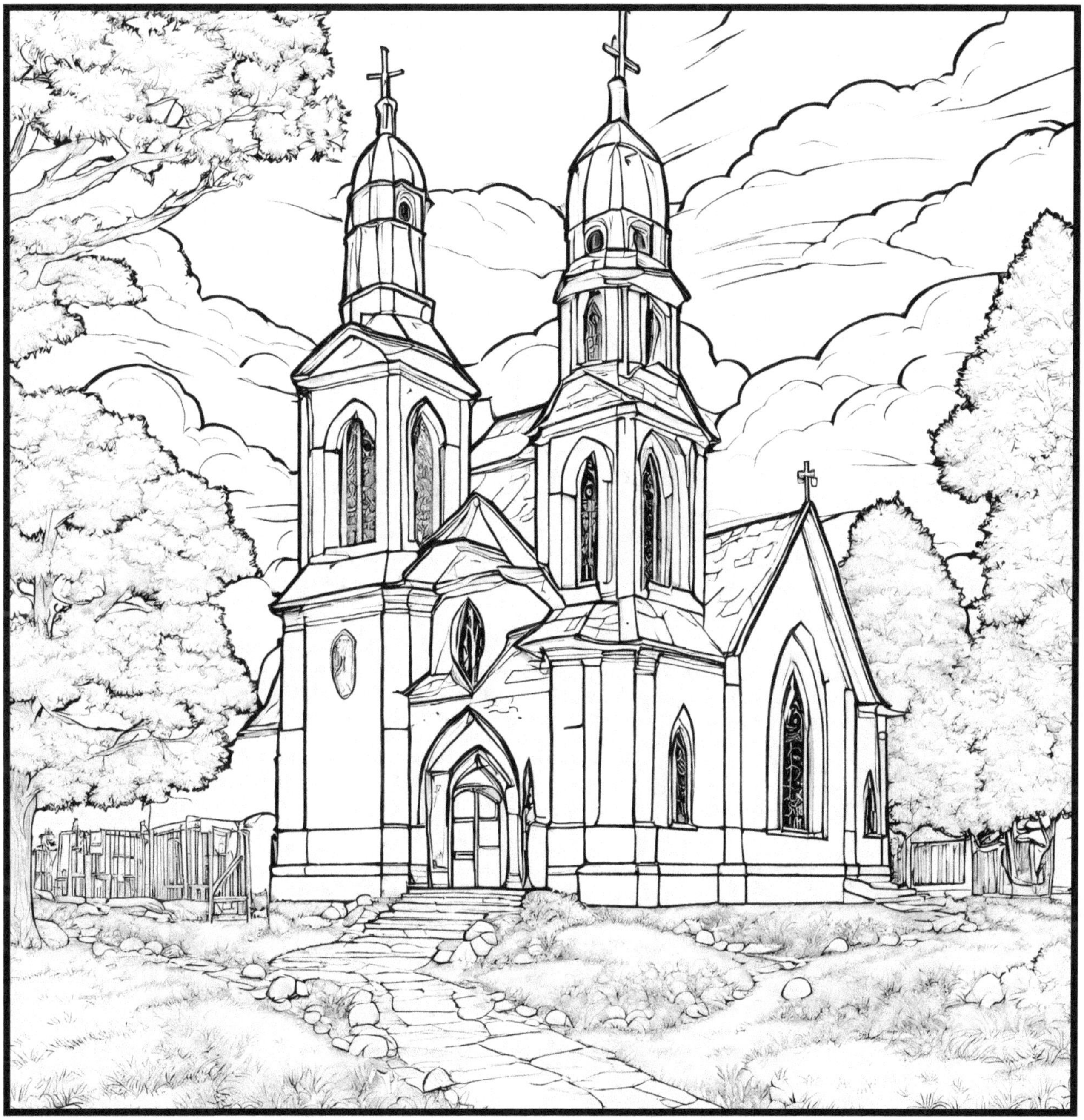

No. 32

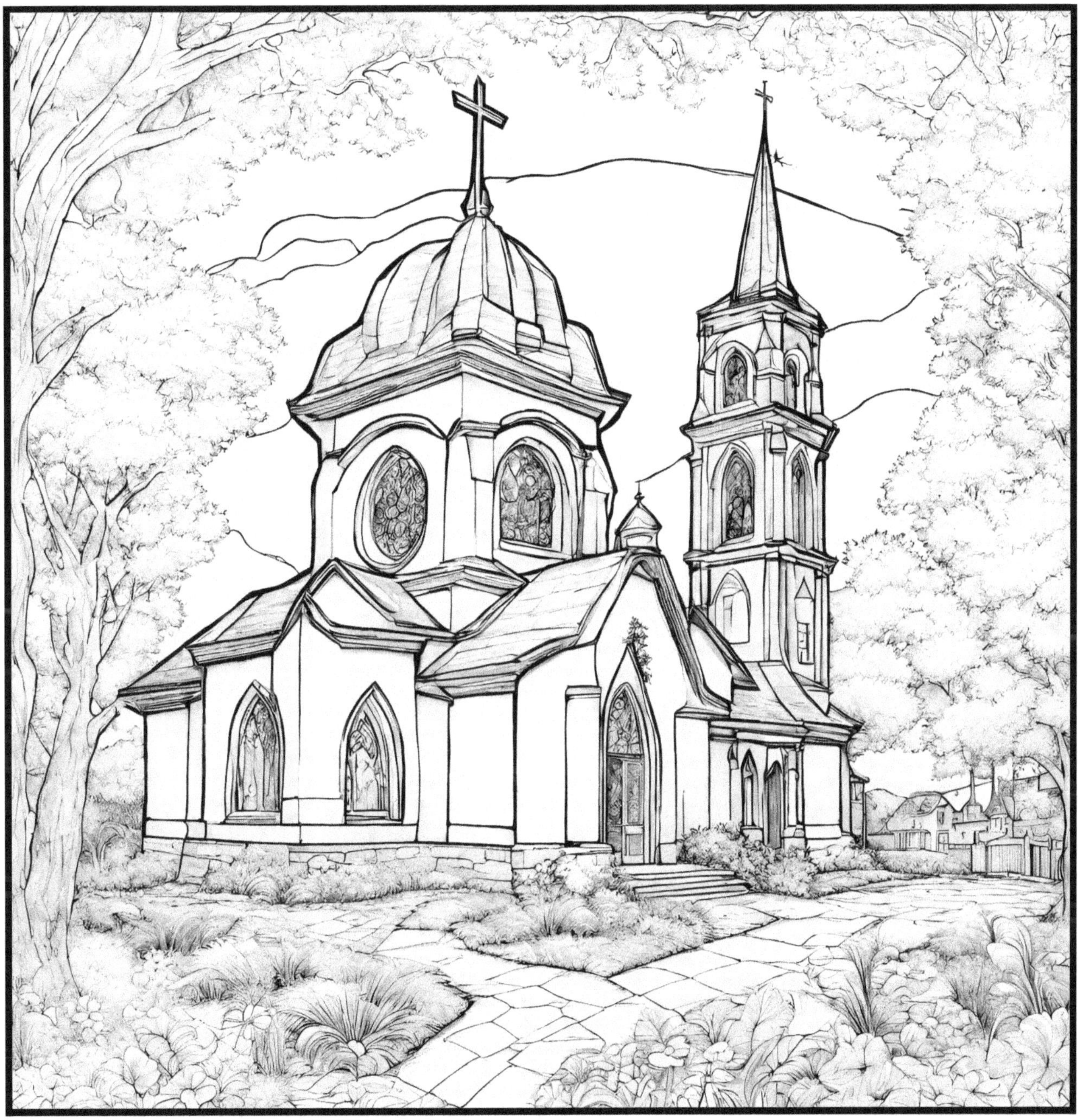

No. 33

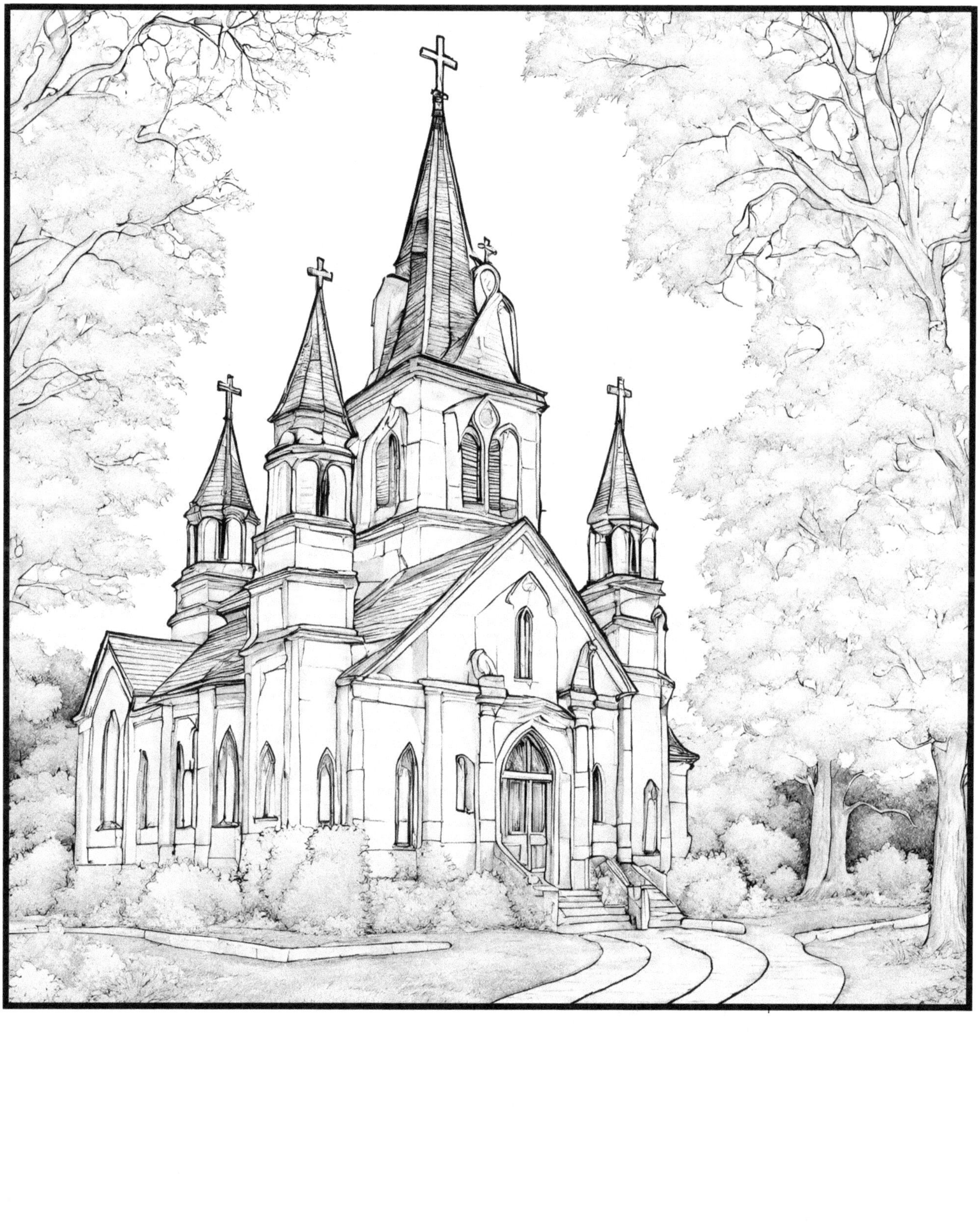

No. 34

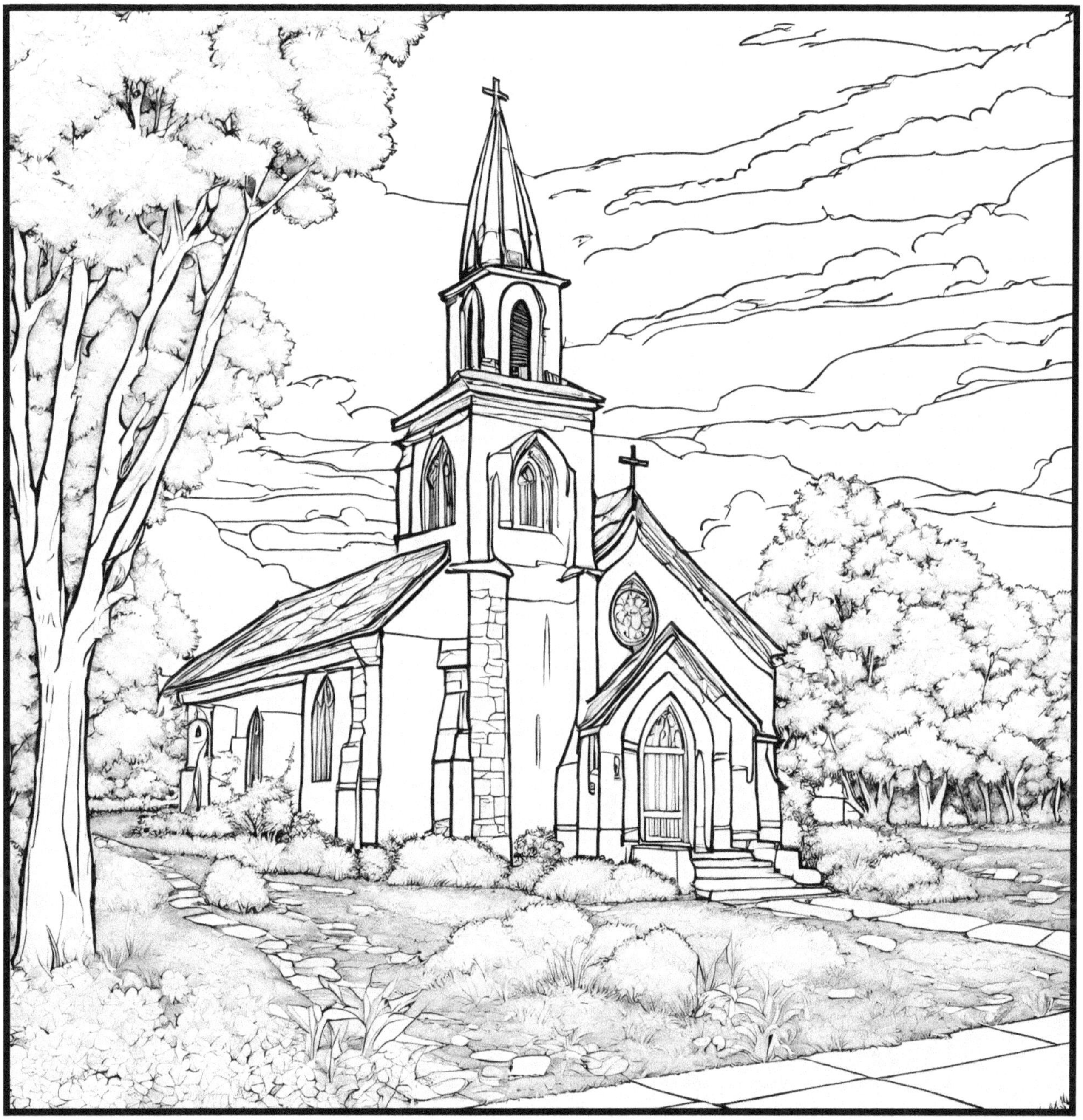

No. 35

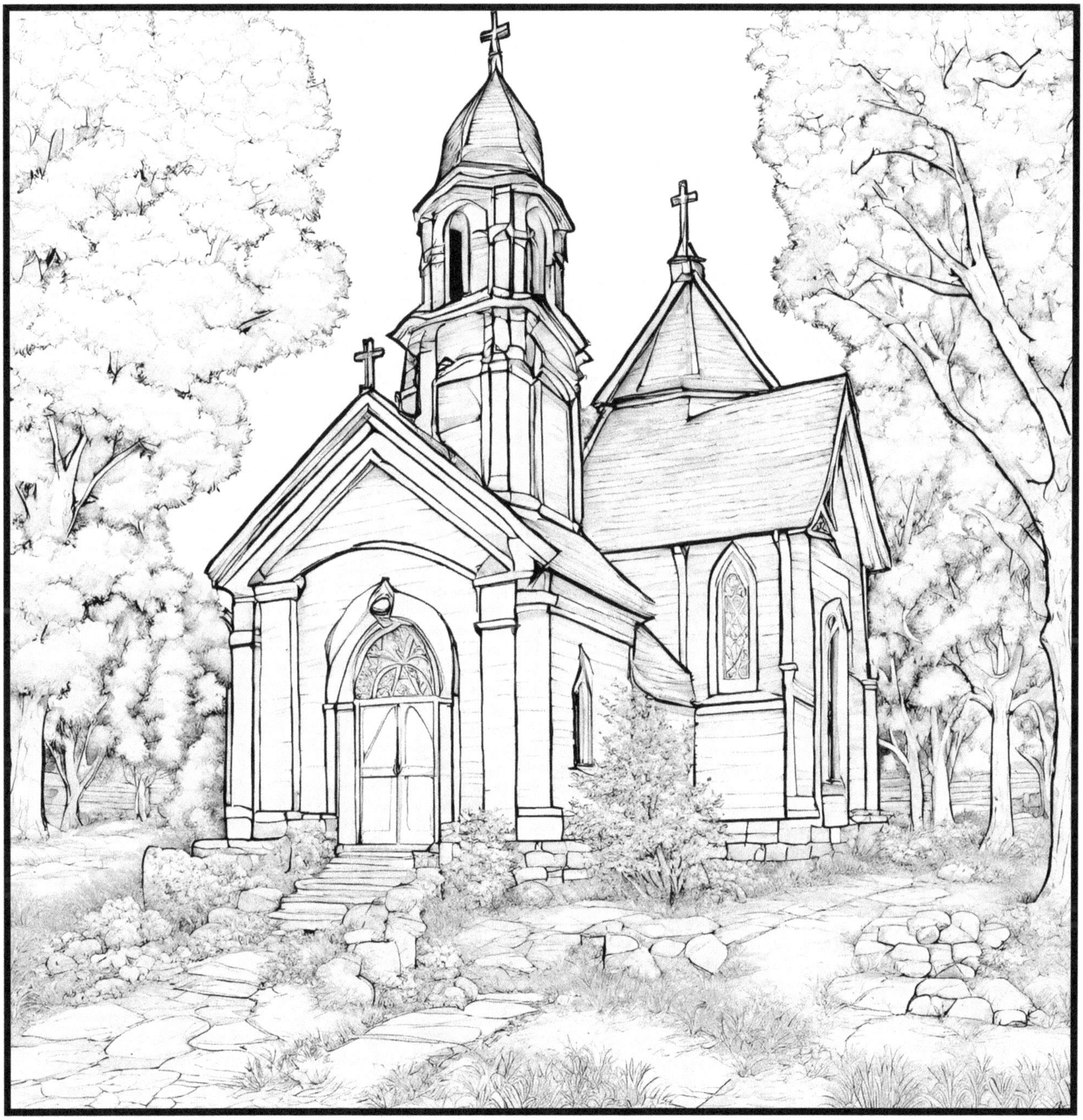

No. 36

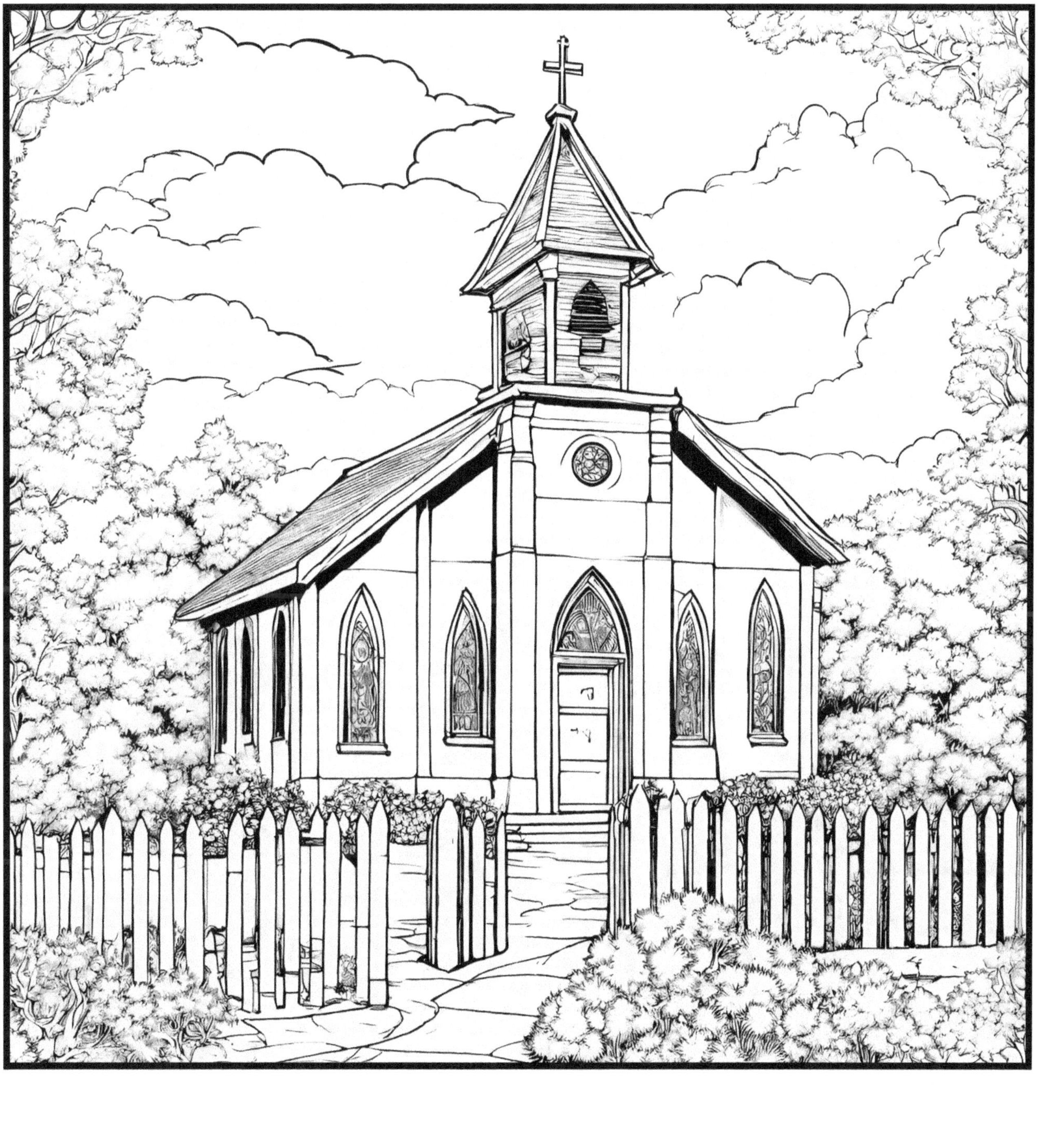

No. 37

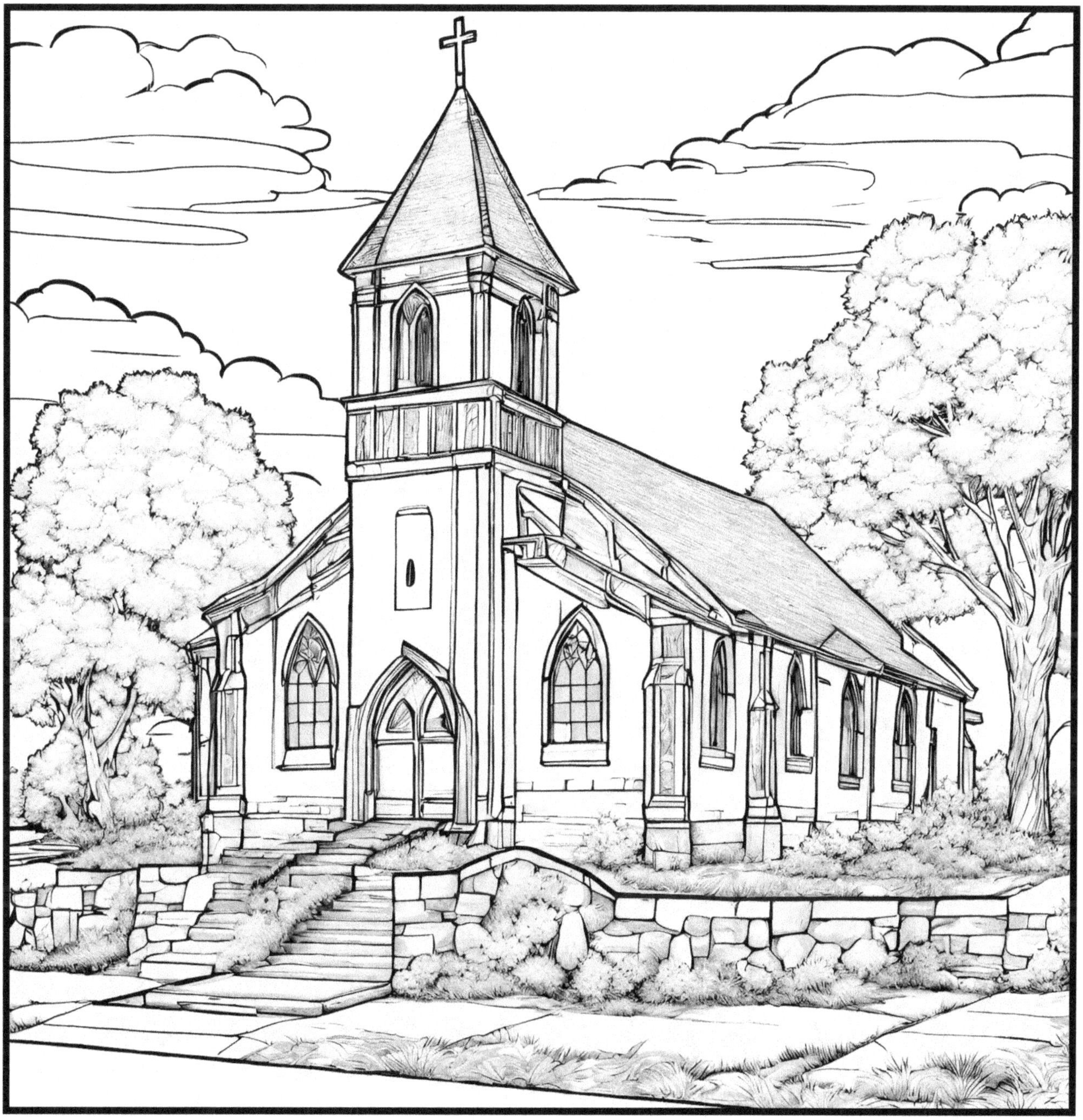

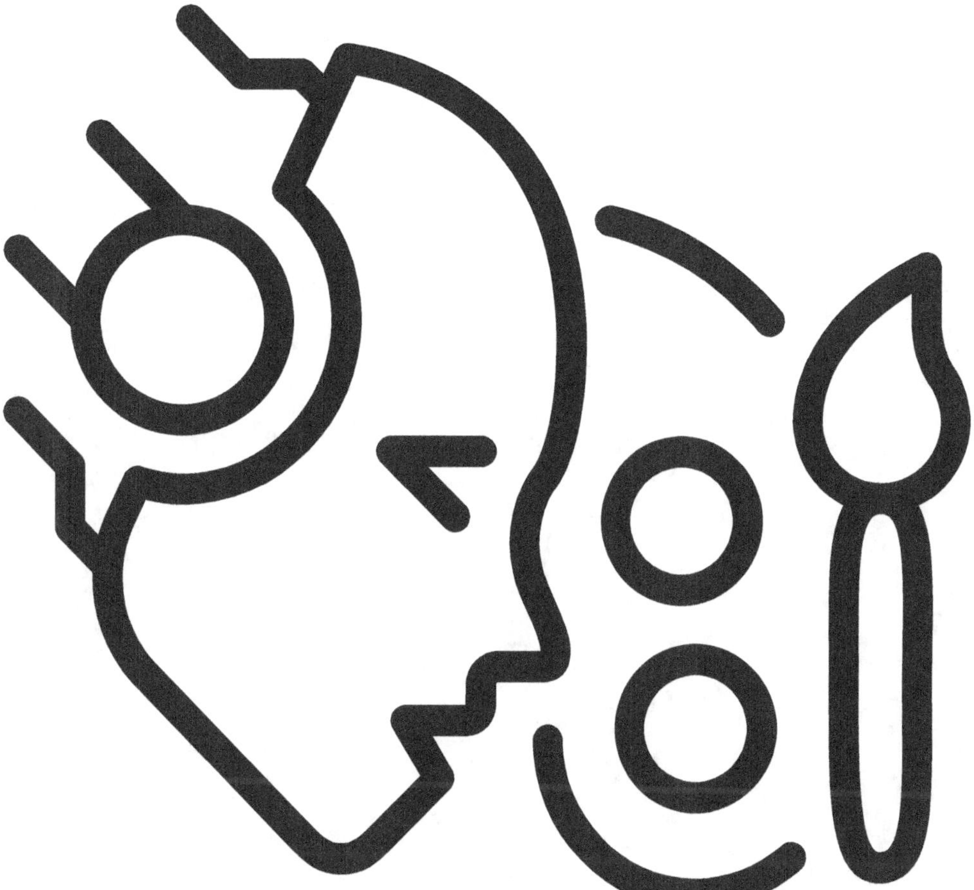

All the images have been AI generated

Art Cofre

www.ingramcontent.com/pod-product-compliance
Lightning Source LLC
Chambersburg PA
CBHW082225290526
45794CB00009B/3682
* 9 7 9 8 8 7 0 2 9 5 3 1 2 *